中等职业教育国家规划教材
全国中等职业教育教材审定委员会审定

土地调查实习指导书

(国土资源调查专业)

主　　编　杨爱萍
责任主审　毕孔彰
审　　稿　张小华

中国建筑工业出版社

图书在版编目（CIP）数据

土地调查实习指导书/主编杨爱萍.—北京：中国建筑工业出版社，2002

中等职业教育国家规划教材.国土资源调查专业
ISBN 7-112-05437-0

Ⅰ.土⋯ Ⅱ.杨⋯ Ⅲ.土地资源-资源调查-专业学校-教学参考资料 Ⅳ.F301.2

中国版本图书馆 CIP 数据核字（2002）第 092034 号

本指导书主要介绍了下列内容：境界和土地权属调绘；地类调绘；航片转绘；土地面积量算；土地利用现状图和调查报告的编写；城镇地籍调查，土地综合评价。全书选编有土地调查与评价的基本方法及要求。内容系统丰富、实用性强，具有作业手册的功能。

全书可作为中等职业学校国土资源调查专业的土地调查与评价的实习指导书，亦可供国土资源管理与调查的初、中级技术人员参考。

中等职业教育国家规划教材
全国中等职业教育教材审定委员会审定

土地调查实习指导书
（国土资源调查专业）

主　编　杨爱萍
责任主审　毕孔彰
审　稿　张小华

*

中国建筑工业出版社出版（北京西郊百万庄）
新华书店总店科技发行所发行
北京市书林印刷厂印刷

*

开本：787×1092 毫米　1/16　印张：5½　字数：130 千字
2003 年 1 月第一版　2003 年 1 月第一次印刷
印数：1—2000 册　定价：7.00 元
ISBN 7-112-05437-0
TU·4761（11051）

版权所有　翻印必究
如有印装质量问题，可寄本社退换
（邮政编码 100037）
本社网址：http://www.china-abp.com.cn
网上书店：http://www.china-building.com.cn

中等职业教育国家规划教材出版说明

为了贯彻《中共中央国务院关于深化教育改革全面推进素质教育的决定》精神，落实《面向21世纪教育振兴行动计划》中提出的职业教育课程改革和教材建设规划，根据教育部关于《中等职业教育国家规划教材申报、立项及管理意见》（教职成［2001］1号）的精神，我们组织力量对实现中等职业教育培养目标和保证基本教学规格起保障作用的德育课程、文化基础课程、专业技术基础课程和80个重点建设专业主干课程的教材进行了规划和编写，从2001年秋季开学起，国家规划教材将陆续提供给各类中等职业学校选用。

国家规划教材是根据教育部最新颁布的德育课程、文化基础课程、专业技术基础课程和80个重点建设专业主干课程的教学大纲（课程教学基本要求）编写，并经全国中等职业教育教材审定委员会审定。新教材全面贯彻素质教育思想，从社会发展对高素质劳动者和中初级专门人才需要的实际出发，注重对学生的创新精神和实践能力的培养。新教材在理论体系、组织结构和阐述方法等方面均作了一些新的尝试。新教材实行一纲多本，努力为教材选用提供比较和选择，满足不同学制、不同专业和不同办学条件的教学需要。

希望各地、各部门积极推广和选用国家规划教材，并在使用过程中，注意总结经验，及时提出修改意见和建议，使之不断完善和提高。

教育部职业教育与成人教育司
2002年10月

前　　言

　　本指导书是根据教育部职教司组织制定的"土地调查与评价"课程教学大纲基本精神和在总结近年来土地调查实践与中职课程教改经验基础上编写的。编写一本与"土地调查与评价"相匹配的土地调查实习指导书，能使所有中等职业学校三年制国土资源调查类专业基本统一教学要求。本指导书注重实用性以及与"土地调查与评价"教材的匹配性，注意理论知识与生产实践的紧密结合。为培养一线劳动者对土地调查方面的技术知识要求和动手能力，是本书全体编者的努力目标。

　　本书编写时，考虑到本课程重点在于实用性、实践性的特点，加之我国第一轮土地利用现状调查业已完成，调查成果已归档管理，编者手中资料缺乏。而为摸清"家底"的各种资源调查研究随着国民经济的发展将陆续展开，同时也为保证资源调查数据、图件的现势性，本指导书共分为七个专题实习：由境界和土地权属调绘实习、地类调绘、航片转绘、土地面积量算、土地利用现状图和调查报告编绘、城镇地籍调查、土地综合评价实习等内容组成。

　　本书由江西应用技术职业学院杨爱萍（实习二、三、四）、罗慧君（实习五）、明东权（实习七）、雷裕祯（实习一）、兴国县土地管理局钟丽萍（实习六）共同编写。全书由杨爱萍主编，由国土资源部咨询研究中心毕孔彰教授和张小华高工主审。

　　在编写过程中，南方冶金学院国土系以及江西省赣州市土地管理局土地调查设计队等许多专家和同行提出了宝贵的意见，在此向他们表示衷心的感谢。鉴于编者水平有限，成书时间又比较仓促，书中难免有错误和不妥之处，热切希望广大读者批评指正。

编者

目　录

土地调查实习须知 ··· 1
实习一　境界和土地权属调绘 ··· 2
实习二　地类调绘 ·· 6
实习三　航片转绘 ··· 19
实习四　土地面积量算 ··· 29
实习五　土地利用现状图和调查报告编绘（写） ····························· 34
实习六　城镇地籍调查 ··· 36
实习七　土地综合评价 ··· 42
附录 ··· 49
实习课时分配 ··· 81
参考文献 ··· 82

土地调查实习须知

一、准备工作

实习前学生要预习实习指导书，弄清目的要求、操作步骤及有关注意事项，并根据实习内容复习教材中的有关章节，弄清基本概念，以保证按时完成实习任务。土地调查实习是以小组为单位进行，各班应根据需要编成若干小组，实习期间每组设正副组长各一人。

二、领借资料、仪器、工具

（一）每次实习前，学生应以小组为单位，由小组长（或指定专人）向资料、仪器室领借调绘资料及工具，当进行航片转绘及面积量算实验时，需领借相应的仪器及工具；借用者当场清点检查，如有不符，可向发放人员说明，以分清责任。

（二）各小组借用的调绘资料、仪器、工具，未经许可不得任意转借或调换；若发现有损坏、遗失，应立即向指导教师和发放人员报告，视情节轻重，给予适当处理。

（三）实习结束后，各组应清点所用调绘资料、仪器、工具，整理后如数交还资料、仪器室。

三、调绘资料、仪器、工具使用注意事项

（一）野外调绘时，应妥善保管所有的调绘资料，如地形图、正射影像图、航片及其他图表和工具。

（二）做好野外调查（绘）的劳动保护工作，注意人身安全。

（三）野外调查的量测工具须防压、防扭、防潮湿，用毕应晾干、擦净上油再收入盒内。

（四）内业航片转绘及面积量算实习应首先检查仪器是否正常。若发现异常，应报告实习指导教师。使用过程中，应严格按操作规程进行，对仪器性能尚未了解的部件，未经指导教师许可，不得擅自操作。在任何时候，仪器旁必须有人守护。仪器用毕，应清点附件，按规定要求装箱。

四、调查记录要求

野外土地调查的记录是土地调查的原始数据，十分重要。为保证调查原始数据的绝对可靠，实习时应养成良好的职业习惯。记录要求如下：

（一）调查记录应和正式作业一样，必须直接填写在规定的表格上，不得转抄，更不得用零散纸张记录、再行转抄。

（二）所有记录与计算均用绘图铅笔（H～3H）记载。字体应端正清晰，字体只应稍大于格子的一半，以便留出空隙作错误的更正。

（三）凡记录表格上规定应填写之项目不得空白。

（四）禁止擦拭、涂改与挖补，发现错误应在错误处用横线划去。淘汰某整个部分时，可用斜线划去，不得使原字模糊不清。修改局部错误时，则将局部数字划去将正确数字写在原数上方。

（五）所有记录修改，必须在备注栏内注明原因。

实习一　境界和土地权属调绘

一、目的与要求

土地调查按主要调查项目的性质，可以区分为若干种不同类型的调查。例如，以反映土地类型为主的土地类型调查、数量调查、分布调查；以反映土地权属状况为主的土地权属调查；以反映土地质量为主的土壤调查、植被调查、水文调查；以反映环境条件为主的气候调查、交通调查、社会经济因素的调查等。有时不同类型的调查研究可以分别进行，有时不同类型调查的内容也可以相互组合进行。因此，土地调查主要是对土地基本情况的调查，通常包括：土地类型、数量、质量、权属、分布和利用现状等方面的内容。

现阶段，我国开展的一般都是以反映土地类型、数量为主，同时结合反映土地权属和利用状况的综合调查。它要求细致全面地查清全部土地资源，在内容上较为全面，既包括全部地类及面积，也包括权属情况及准确的界位情况。土地调查主要是为国家经济建设和社会发展制定规划、决策提供土地基础国情资料，为市场经济的培育发展起宏观调控与服务作用。因此，进行境界和土地权属的调绘，为查清土地的权属及分布等重要参数是土地调查中的重要内容。

权属纠纷，由于历史原因以及经济利益的驱动，在我国至今仍然错综复杂。调绘者对于境界及权属调绘必须认真对待，严格按程序、按规定进行，遇到问题应及时请示报告。

二、准备工作

（一）资料准备

1. 收集近期1∶10000、1∶50000、1∶100000比例尺的地形图以及相应于调绘要求比例尺或大于调绘要求比例尺的航摄像片或正射影像平面图。
2. 收集与调查有关的行政区划的图件和文献资料。
3. 收集有关土地权属的文件、资料以及行政区划勘界资料。
4. 对收集的各种资料进行整理、分析，以供调查使用。

（二）工具准备

包括调绘工具、计算工具、各种手簿、文具、生活、交通和劳保用品等。一个工作组主要调绘工具名称见表1-1。

一个工作组主要调绘工具名称表　　　　　　　表1-1

品　名	单位	数量	品　名	单位	数量	品　名	单位	数量
调绘盒	个	1	油石	块	1	放大镜	个	1
小笔尖	个	10	玻璃棒	根	1	工作包	个	1
小笔杆	支	5	小三角板	副	1	袖珍立体镜	个	1
青霉素小瓶	个	5	水盂	个	1	罗盘	个	1
水彩颜料	盒	1	皮尺	根	1	记录夹	个	1
铅笔（HB）	支	4	硬橡皮	块	2	文具盒	个	1
铅笔（2H）	支	4	钢卷尺	个	1			
小刀	把	1	刺针	包	1			

三、实习内容及步骤

（一）调绘原则

1. 境界包括省、地（市）界、县界和乡（镇）界；土地权属界包括土地所有权和使用权界线。集体所有制土地所有权只调绘到村民委员会一级，全民所有制的国营农、林、牧、渔业土地所有权的权属界线调绘到场一级。

村级以上的独立于居民点以外的厂矿、机关、团体、部队、学校等企事业单位的土地权属界线应同时进行调绘。

2. 调查专业队负责境界和土地权属界线的技术调绘，不处理土地纠纷。

3. 境界和土地权属界线调绘，以现行管理、管辖范围为准。按县界→乡界→村界→企事业单位土地权属界程序进行，亦可结合进行。凡双方在现场同指一线（包括经协商后同指一线的原争议界线）应在航片或正射影像图上划定，并填报土地（境界、权属界）界址协议书，双方负责人签字，加盖公章（见附录一）。

对有争议而又达不成协议的，双方可按自己提出的"界线"进行调绘，并将各自的画法依据和解决方案等填写土地（境界、土地权属界）界址争议原由书（见附录二），按行政隶属关系，分别报上级土地管理部门。由上一级土地管理部门会同有关部门裁决定界。裁决不下时，由上级土地管理部门作技术处理划临时界线（亦可现场按双方争议划界，形成争议界），供土地调查量算面积使用（划成争议界的，形成争议面积）。

4. 调绘区的各级境界和土地权属界线，无论是同期调查还是不同期调查，均应由先开展一方邀请相邻单位共同踏勘，按上条规定在航片上划定并填写协议书或争议原由书。如两方有一方无故不到场时，按到场一方先划界址，然后送双方限期（一般为20天）审查，对方在限期内审查同指一线为确认界线，不同指一线为争议界线，应由未到场一方邀请对方再到现场划定争议地区范围，并填写争议原由书。如超过期限不予答复者按到场一方划暂定界线，进行量算面积和上报。未到场一方今后划界制图必须符合已划界线，或者再邀请对方划界。在划界协调过程中，应本着以安定团结为重，搞好相邻地区的友好关系。

（二）调绘技术要求

1. 境界和土地权属按图式进行调绘。

2. 独立于居民点以外厂矿等企事业单位权属界线划法：省、地（市）、县属单位用乡界表示，乡级单位用村界表示。

3. 飞地、插花地用地类界线表示，但在其图斑编号上面用"—"表示，图上面积如在 $4cm^2$ 以上者用黑字注明权属单位。

4. 当各级境界以道路、河流等线状地物一侧为界时，界线应偏离线状地物 0.2mm；以线状地物中心线为界而又不能在中心线绘出时可沿两侧每隔 3~5cm 交错绘出 3~4 节境界符号。

5. 两级境界重合时，只绘高一级境界符号，各级境界的交界点与拐角点均应以境界符号的实线部位表示。

6. 境界与调绘面积作业线相交处应用平行的黑字在作业面积线外注记相邻两单位名称。

7. 境界和土地权属界线调绘精度：调绘的明显境界和土地权属界线在图上位移不大

于0.3mm，困难地区或不明显界线的位移不大于1.0mm。

8. 境界和土地权属界线的拐点标定：在调绘航片和转绘后薄膜底图上将拐点准确位置刺直径为1mm的圆圈表示，底图上的拐点应计算平面坐标，拐点应注明实地位置。并尽可能应用境界的勘界成果。

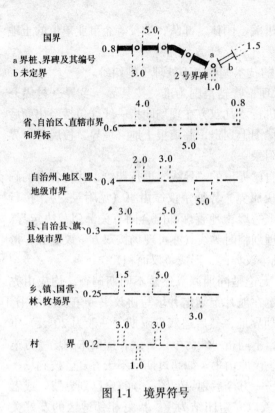

图1-1 境界符号

（三）调绘步骤

1. 用已有的地形图，调绘航片或正射影像图，作为调查工作底图。根据调查范围，在调查工作图上依行政界或自然界线划分调查区。调查区的划分同时要考虑到调查区域的地形、地貌以及水文分布，尽可能做到省时、省力。

2. 指界通知，按调查工作计划，分区分片公告通知或双方约定按时到场指界。单位使用的土地须由法人代表（或由法人委托代理人）双方到现场共同指界。

3. 现场标绘界址及土地权属界线于航片或正射影像图上，并绘制界址、界线草图，供界址、界线双方权属单位法人代表签字盖章。

4. 当发生争议界址、界线时，按前述调绘原则处置。

（四）境界和土地权属界线的表示

1. 境界符号的表示见图1-1。

2. 境界、土地权属界线以明显地形为界的（如山脊、河流、道路、土堤、城墙等）描绘要合理，如境界通过山脊时，要看立体准确绘在山顶或山脊上，如图1-2。

正确表示

不正确表示

图1-2

3. 境界、土地权属界线通过河流、湖泊、海洋等，所绘符号应明确表示其中的岛屿、沙滩的隶属关系，如图1-3。境界通过湖泊、海峡时应在岸边水部绘出一段符号，如图1-3(a)。湖泊、海峡为三个以上省、地（市）、县所共有时，应在境界交会处各绘一段符号，如图1-3(b)。境界为双线河流时中心线间断绘出，如图1-3(c)。

4. 境界、土地权属界线不与明显地物重合时，全部用符号绘出（直线部分需用直尺描绘）。界桩、界碑及明显转折点，交接点应准确绘出。境界以线状地物为界且不能以线状符号中心绘出时，可沿两侧每 3~5cm 交错绘出 3~4 节符号，如图 1-4 所示，但在转折点如图 1-4 (a)、交接点如图 1-4 (b) 处必须绘出符号。并不要使转折点、交接点落在境界符号的间断处，位于调绘面积线边缘、图廓线处如图 1-4 (c) 的境界符号不能省略，并要注出省、地（市）、县名称。

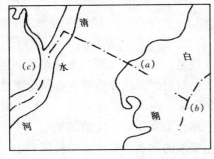

图 1-3　境界通过河流湖泊的表示

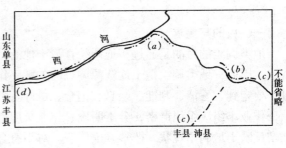

图 1-4　境界

地类界、通讯线和高压线不能代替境界符号，如重合时，境界符号可稍移位表示。

（五）注意事项

1．境界、土地权属界线调绘成果，必须由指界双方签字盖章认可。当指界双方对权属界发生争议时，调绘人员只作技术处理，不允许自作主张。必须经请示汇报后，进行处理，原则上不处理土地权属纠纷。

2．境界、土地权属界线调绘是一项政策性很强的工作，调绘者必须高度认真负责，坚持走到、问到、看到、画清。

3．对于地形复杂，山高路陡地段调绘时，应注意人员、设备的安全，并做好劳动保护。

土地（境界、权属界）界址协议书见附录一；

土地（境界、权属界）界址争议原由书见附录二。

实习二 地类调绘

一、目的与要求

地类调绘的目的是通过实地调绘查清土地的分类、数量、质量、权属以及分布和利用现状。因此，地类调绘是土地资源调查的关键，作业人员对野外调绘作业地区必须全面踏勘，要走到、看清、判准、绘真、记全、量好。

作业小组应组织严密，分工明确。作业员应严肃纪律，服从领导。实地调绘中，要求如实反映土地利用现状，严禁弄虚作假。对不符合质量要求的调查，必须返工补课。

二、准备工作

（一）作业人员调绘前，必须做好准备工作。准备工作包括熟悉技术规程，领取和整理航片、地形图、勘界资料等，编制航片接合表，划定图廓线和作业面积，进行调绘路线规划和调绘工具的准备等。

（二）航片整理和编制航片接合表，根据已确定的作业任务，首先在地形图上标出工作范围，领取航片，以图幅为单位，把全幅航片按顺序将象主点概略转标于地形图上，编绘航片接合草图。

（三）标绘图廓线，像片图廓线的标绘应先在像片上找到与地形图图廓线所通过相同的地物、地貌，然后用0.5mm红色实线连出，为避免压遮作业面积内地物，其连线可在作业面积内中断。靠近图廓线的调绘面积较大的作业面积用0.2mm红色实线描绘，凡是用红色线划出的作业面积线，其相应图幅号、航片号用红字注记。

（四）作业面积划定：作业面积线应划在相邻两张航片重叠的中部，偏离重叠中线一般不得大于1cm，离像片边缘亦不得少于1cm，作业面积线角顶点必须是相邻航片的公用点，并一一对应重合，不得遗漏或重叠。

当有航片内业加密资料时，调绘面积线可采用航向和旁向重叠中部的四个纠正点的连线。

作业面积线用0.2mm黑色（或红色）实线标定后，其四周应用黑字标出相邻航片编号，见图2-1。

作业（调绘）面积线，本幅内用黑色绘出。当航线呈南北飞行（一般呈东西方向飞行）时，仍按航线划分调绘作业面积线，面积线外的图号，航线航片号及说明注记均按航线方向注，但航片内符号和注记应垂直于南图廓。

调绘作业面积线，因有投影差影响，

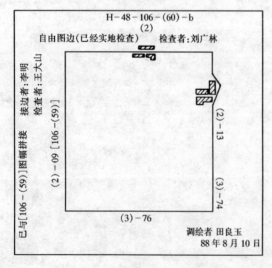

图2-1 调绘界线图

东南边用直线，西北边用曲线。

（五）选定调绘路线和进行预判，在调绘前要根据作业区域的具体地貌、交通条件、小组驻地和整个计划统筹考虑选定调绘路线，做出调绘初步计划，进行调绘和预判，以保证质量和提高速度。

（六）调绘工具的准备，见表1-1。

三、实习内容及步骤

（一）选定调绘路线

地类调绘必须有目的有计划地进行，决不能在野外盲目乱跑，跑到哪里调绘到哪里，看到什么画什么，造成少、慢、差、费的结果。为了使野外地类调绘工作质量好、速度快，计划好调绘路线是个重要问题。调绘路线应首先考虑的是不漏，即调绘路线要以增宽视界，处处看得清为原则；再是要节省时间，不走重复路，不发生漏洞。

1. 在地物稀少、通视良好的平坦地区，一般沿居民地和主要道路进行调绘。

2. 地类较复杂密集的平坦地区，一般走"S"形或"Z"形路线。

3. 丘陵地区一般可沿连接居民地的道路，有时也可沿山脊走，这样既能调绘山沟中的地类，又能照顾两侧。

4. 山区的调绘路线应事先仔细进行立体观察，全面考虑，认真地选择，尽可能减少爬山次数。

5. 水网地区调绘一般应打破片的界线，按河网分割情况和桥梁、渡口的分布情况计划路线，一块一块地进行调绘。调绘时最好沿堤、埂走，因为堤、埂位置高，看得远。调绘前要及早问清桥梁、渡口地点和摆渡时间，以便计划调绘路线。

6. 草原、戈壁、沙漠、雪山地区的调绘具有特殊性，与内地调绘有较大的区别。这种地区的调绘可事先进行航片分析或询问当地群众了解地类的分布情况，根据地类影像或可疑之处连成调绘路线，专程调绘。

7. 我国西南地区，山高谷深，坡陡路险，人烟稀少，这种地区调绘困难，一定要周密计划，一般要先对调绘地区的总貌进行立体观察，访问群众，了解居民地和道路的分布情况以及夜宿的基本条件，而后周密计划路线。对于困难地区调绘，有条件的可配备手持式GPS，以便于确定调绘者自身的位置。

（二）调绘的一般方法

应用航片进行地类调绘就是沿着调绘路线边走、边看、边想、边判、边画、边问、边量和边记的综合过程。

为了确保调绘质量，除了掌握调绘方法外，还必须注意自我检查，要坚持走到看清、真实准确、仔细着黑；坚持笔笔清、日日清、片片清、幅幅清。

（三）地类调绘的技术要求

1. 各种地类分类按表2-1进行调绘。调绘方法，先用透明纸蒙在航片上，野外作业用铅笔调绘在透明纸上，然后室内在航片上清绘。

2. 地类界线必须闭合，当其和线状重合时，可以以线状地物作地类界，但亦须闭合。

3. 各种地类上图最小图斑面积按《土地利用现状调查技术规程》规定。1:10000地形图上图最小图斑面积为：

耕地、园地为$6.0mm^2$；林地、草地$15.0mm^2$；居民地、坑塘$4.0mm^2$；其他用地同

全国土地分类（试行）

表 2-1

一级类		二级类		三级类		含 义
编号	名称	编号	名称	编号	名称	
1	农用地	11	耕地			指直接用于农业生产的土地，包括熟地，新开发复垦整理地，休闲地、轮歇地、草田轮作地；以种植农作物为主，间有零星果树、桑树或其他树木的土地，平均每年能保证收获一季的已垦滩地和海涂。耕地中还包括南方宽<1.0m，北方宽<2.0m的沟、渠、路和田埂
				111	灌溉水田	指有水源保证和灌溉设施，在一般年景能正常灌溉，用于种植水生作物的耕地，包括灌溉的水旱轮作地
				112	望天田	指无灌溉设施，主要依靠天然降雨，用于种植水生作物的耕地，包括无灌溉设施的水旱轮作地
				113	水浇地	指水田、菜地以外，有水源保证和灌溉设施，在一般年景能保证正常灌溉的耕地
				114	旱地	指无灌溉设施，靠天然降水种植旱作物的耕地，包括没有灌溉设施，仅靠引洪淤灌的耕地
				115	菜地	指常年种植蔬菜为主的耕地，包括大棚用地
		12	园地			指种植以采集果、叶、根、茎等为主的集约经营的多年生木本和草本作物（含其苗圃），覆盖度>50％或每亩有收益的株数达到合理株数70％的土地
				121	果园	指种植果树的园地
					121k	指由耕地改为果园，但耕作层未被破坏的土地 *
				122	桑园	指种植桑树的园地
					122k	指由耕地改为桑园，但耕作层未被破坏的土地 *
				123	茶园	指种植茶树的园地。
					123k	指由耕地改为茶园，但耕作层未被破坏的土地 *
				124	橡胶园	指种植橡胶树的园地
					124k	指由耕地改为橡胶园，但耕作层未被破坏的土地 *
				125	其他园地	指种植可可、咖啡、油棕、胡椒、花卉、药材等其他多年生作物的园地
					125k	指由耕地改为其他园地，但耕作层未被破坏的土地 *
		13	林地			指生长乔木、竹类、灌木、沿海红树林的土地。不包括居民点绿地，以及铁路、公路、河流、沟渠的护路、护岸林
				131	有林地	指树木郁闭度≥20％的天然、人工林地
					131k	指由耕地改为林地，但耕作层未被破坏的土地 *

续表

一级类		二级类		三级类		含 义	
编号	三大类名称	编号	名称	编号	名 称		
1	农用地	13	林地	132	灌木林地	指覆盖度≥40%的灌木林地	
				133	疏林地	指树木郁闭度≥10%或等于<20%的疏林地	
				134	未成林造林地	指造林成活率等于合理造林数的41%，尚未郁闭但有成林希望的新造林地（一般指造林后不满3~5年或飞机播种后不满6~7年的造林地）	
						134k	指由耕地改为未成林造林地
				135	迹地	指森林采伐、火烧后，五年内未更新的土地	
				136	苗圃	指固定的林木育苗地	
						136k	指由耕地改为苗圃，可调整苗圃
		14	牧草地	141	天然草地	指生长草本植物为主，用于畜牧业的土地	
				142	改良草地	指以天然草地为主，未经改良，用于放牧或割草等，包括以牧为主的疏林、灌木草地	
						143k	指采用灌溉、排水、施肥、松耙、补植等措施进行改良的草地
				143	人工草地	指人工种植牧草培植的草地，包括人工培植用于牧业的灌木地	
						143k	指由耕地改为人工草地，但耕作层未被破坏的土地*
		15	其他农用地	151	畜禽饲养地	指以经营性养殖为目的的畜禽及其相应附属设施用地	
				152	设施农业用地	指进行工厂化作物栽培或水产养殖的生产设施用地	
				153	农村道路	指农村南方宽≥1.0m，北方宽≥2.0m的村间、田间道路（含机耕道）	
				154	坑塘水面	指人工开挖或天然形成的蓄水量<10万m³（不含养殖水面）的坑塘常水位以下的面积	
				155	养殖水面	指人工开挖或天然形成的专门用于水产养殖的坑塘水面及相应附属设施用地	
						155k	指由耕地改为养殖水面，但可复耕的土地*
				156	农田水利用地	指农民、农民集体或其他农业企业等自建或联建的农田排灌沟渠及其相应附属设施用地	
				157	田坎	主要指耕地中南方宽≥1.0m，北方宽≥2.0m的梯田田坎	
				158	晒谷场等用地	指晒谷场等上述用地中未包含的其他农用地	

续表

一级类		二级类		三级类		含 义
编号	名称	编号	名称	编号	名称	
2	建设用地	21	商服用地	211	商业用地	指建造建筑物、构筑物的土地。包括商业、工矿、仓储、公用设施、住宅、交通、水利设施、特殊用地等
						指商业、金融业、餐饮旅馆业及其他经营性服务业建筑及其相应附属设施用地
				212	金融保险用地	指商店、商场、各类批发、零售市场及其相应附属设施用地
				213	餐饮旅馆业用地	指银行、保险、信托、证券、期货、信用社等用地
				214	其他商服用地	指饮店、酒吧、餐厅、宾馆、旅馆、招待所
						指上述用地以外的其他商服用地,包括写字楼、商业性办公楼和企业厂区外独立的办公楼用地;旅行社、度假村、高尔夫球场、俱乐部、夜总会、歌舞厅、洗浴等服务设施用地、加油站、洗车场、维修网点、废旧物资回收站、照相、理发、运动保健休闲设施、中转仓储设备及中转用地
		22	工矿仓储用地	221	工业用地	指工业、采矿、仓储业用地
				222	采矿地	指工业生产及其相应附属设施用地
				223	仓储用地	指采矿、采石、采砂场、盐田、砖瓦窑等地面生产用地及尾矿堆放地
						指用于物资储备、中转的场所及相应附属设施用地
		23	公用设施用地	231	公共基础设施用地	指为居民生活和二、三产业服务的公用设施及设施用地、游憩用地
				232	瞻仰景观休闲用地	指给排水、供电、供燃、供热、邮政、电信、消防、公用设施维修、环卫等用地
						指名胜古迹、革命遗址、景点、机关、公园、广场、公用绿地等
		24	公共建筑用地	241	机关团体用地	指公共文化、体育、娱乐、教育、医卫、慈善等建筑用地
				242	教育用地	指国家机构、社会团体、群众自治组织、中专、广播电台、电视台、报社、杂志社、通讯社、出版社等单位的办公用地
				243	科研设计用地	指各种教育机构,包括大专院校、中专、职业学校、成人业余教育学校、中小学校、党校、行政学院、干部管理学院、盲聋哑学校、工读学校等直接用于教育的用地,托儿所、幼儿园等用地
				244	文体用地	指独立的科研、设计机构用地,包括科研、勘测、设计、信息等单位用地
				245	医疗卫生用地	指为公众服务的公益性文化、体育设施用地。包括博物馆、展览馆、文化馆、图书馆、纪念馆、影剧院、音乐厅、少青老年活动中心、体育场馆、训练基地等
				246	慈善用地	指医疗、卫生、防疫、急救、保健、疗养、康复、医检药险、血库等用地
						指孤儿院、养老院、福利院等用地

续表

一级类编号	一级类名称	二级类编号	二级类名称	三级类编号	三级类名称	含 义
2	建设用地	25	住宅用地			指供人们日常生活居住的房基地（有独立院落的包括院落）
				251	城镇单一住宅用地	指城镇居民日常居住的普通住宅、公寓、别墅用地
				252	城镇混合住宅用地	指城镇居民以居住为主的住宅与工业或商业等混合用地
				253	农村宅基地	指农村村民居住的宅基地
				254	空闲宅基地	指村庄内部的空闲旧宅基地及其他空闲土地等
		26	交通运输用地			指用于运输通行的地面线路、场站等用地，包括民用机场，港口、码头、地面运输管道及其相应附属设施和居民点道路及其相应附属设施
				261	铁路用地	指铁路道线路及场站用地，包括路堤、路堑、道沟及护路林
				262	公路用地	指国家和地方公路（含乡镇公路），包括路堤、路堑、道沟及护路林，包括路桥、护路林及其相应附属设施用地
				263	民用机场	指民用机场及其相应附属设施用地
				264	港口码头用地	指人工修建的客、货运，捕捞船舶停靠的场所及其相应附属建筑物，不包括常水位以下部分
				265	管道运输用地	指运输煤炭、石油和天然气等管道用地
				266	街巷	指城乡居民点内公用道路（含立交桥）、公共停车场等
		27	水利设施用地			指用于水库，水工建筑的土地
				271	水库水面	指人工建筑水库，正常蓄水位总库容≥10万 m^3，正常蓄水位以下的面积
				272	水工建筑用地	指除农田水利用地以外的人工修建水利工程建筑的沟渠（包括渠槽、渠堤、护堤林）、闸、坝、堤路林、水电站、扬水站等常水位岸线以上部分
		28	特殊用地			
				281	军事设施用地	指军事专门用于军事目的的设施用地，包括军事指挥机关和营房等
				282	使领馆用地	指外国政府组织国际驻华使领馆、办事处等
				283	宗教用地	指专门用于宗教活动的庙宇、寺院、道观、教堂等宗教自用地
				284	监教场所用地	指监狱、看守所、劳改场、劳教所、戒毒所等用地
				285	墓葬地	指陵园、墓地、殡葬场所及附属设施用地

续表

一级类		二级类		三级类		含 义
编号	名称	编号	名称	编号	名称	
3	未利用地	31	未利用土地			指农用地和建设用地以外的土地
				311	荒草地	指目前还未利用的土地，包括难利用的土地
				312	盐碱地	指树木郁闭度＜10%，表层为土质，生长杂草，不包括盐碱地、沼泽地和裸土地
				313	沼泽地	指表层盐碱聚集，只生长天然耐盐植物的土地
				314	沙地	指经常积水或渍水，一般生长湿生植物的土地
				315	裸土地	指表层为沙覆盖、基本无植被的土地，包括沙漠，不包括水系中的沙滩
				316	裸岩石砾地	指表层为土质，基本无植被覆盖的土地
				317	其他未利用土地	指表层为岩石或石砾，其覆盖面积≥70%的土地
		32	其他土地			指包括高寒荒漠、苔原等未利用的其他土域水地
				321	河流水面	指未列入农用地、建设用地的其他土地
				322	湖泊水面	指天然形成或人工开挖河流常水位岸线以下的土地
				323	苇地	指天然形成的积水区常水位岸线以下的土地
				324	滩涂	指生长芦苇的土地，包括滩涂上的苇地
				325	冰川及永久积雪	指海岸大潮高潮位与低潮位之间的潮浸地带；河流、湖泊常水位至洪水位间的滩地；时令湖、河洪水位以下的滩地；水库、坑塘的正常蓄水位与最大洪水位间的滩地。不包括已利用的滩涂
						指表层被冰雪常年覆盖的土地

注：**指生态退耕以外，按照国土资发（1999）511号文件规定，在农业结构调整中将耕地调整为其他农用地，但未破坏耕作层，不作为耕地减少衡量指标。按文件下发时间开始执行。

林地。

相应于航片上最小调绘面积的图斑，按航片的平均比例尺折算。

上图图斑最大面积：耕地、园地为 2000mm^2；林地、牧草地为 7000mm^2，超过此面积应以适当线状地物等隔开，另编图斑号。相邻图斑如果面积在最小图斑和最大图斑之间其范围内有线状地物分隔为几块时，每块均需注记同一编号。

小于最小上图图斑面积在图上并入相邻图斑，并在实地丈量实际面积记入调查手簿，入簿最小实地面积：居民地和坑塘为 50m^2，耕地为 120m^2，园地、林地等到其他地类为 350m^2。

宽度小于图上 1.5mm 的各种狭长地类，即使面积超过最小上图的图斑面积亦不单独划作图斑，并入相邻地类，作零星地类登记入簿。

4. 线状地物调绘：如铁路、公路、农村道路、林带、固定沟渠、堤坝等，当其宽度在 30m 以上时，作图斑调绘。1～30m 之间（含 1m、30m）、长度 100m 以上作线状地物调绘并实地丈量宽度（精确到 0.1m），丈量点应选择有代表性宽度的地方，丈量后应在调绘航片的相应点位用红点注记，并用红字注明尺寸。线状地物量测示例见图 2-2，道路与水渠不同地类并列通行的宽度丈量见图 2-3，田间排水沟宽度的丈量见图 2-4。

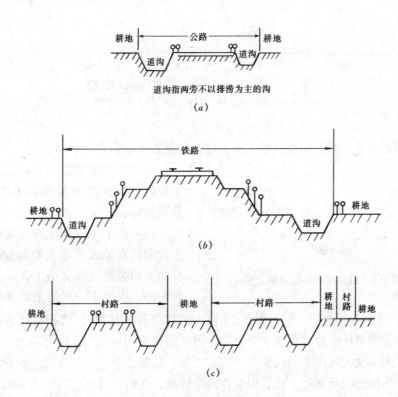

图 2-2 线状地物宽度量测边界示意图
(a) 公路；(b) 铁路；(c) 农村道路

5. 零星地类调绘：凡不够上图的各种地类面积均作为零星地类面积，在图上并入相邻图斑。零星地类调绘应实地丈量面积，填入手簿，并在调查手簿的概图中标绘位置、形状和实地丈量数据。入簿最小面积：居民地、坑塘为 50m^2；耕地为 120m^2；其他地类为

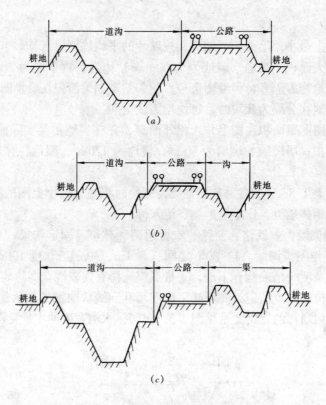

图 2-3 道路与水渠不同地类并列通行的宽度
(a) 沟与公路；(b) 沟、公路、沟；(c) 沟、公路、渠

350m²。

单个面积小于上簿面积而总数大于上簿面积应累加计算填入手簿。

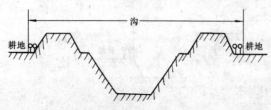

图 2-4 田间排水沟宽度的丈量

6. 田埂面积量测：田埂面积量测以乡为单位，按耕地不同类型用系数法提求。量测步骤和方法：

（1）在 1∶10000 比例尺地形图和航片上查阅调查地区耕地类型和分布情况，按耕地不同类型（坡度小于 2°的圩田、坂田和湖田，坡度 2°～6°的垄田和旱垄田，坡度 6°～25°的排田和旱排田，坡度大于 25°以上的梯田和旱梯田），选择有代表性的样地进行量测。每个类型样地数量要求 3 个以上，每个样地面积在 0.5ha 以上。

（2）量测方法：可用全站仪实测；实地丈量；航测法等。在外业调绘的同时，实地丈量样地每一田埂的田埂宽度，然后用航片转绘样地，在转绘样地的底图上量取田埂长度和量测样地总面积，推求耕地不同类型田埂系数。

（3）以村为单位，按耕地不同类型面积乘以系数求出各自田埂面积。

（4）按土地利用现状分类含义要求，汇总以村为单位的耕地面积和净耕地面积。

（四）调绘航片整饰与接边

1. 着墨整饰：航片着墨整饰是调绘的后续工作，其好坏直接影响转绘质量和面积量算精度。因此，着墨整饰必须根据野外调绘成果，准确无误，完整不漏、清晰易读、交待明确、整洁美观，每张航片上应有作业员、检查员签名和调绘日期。

着墨整饰必须使用规定的图式符号、线划、颜色，并做到当天调绘，当天着墨整饰。每张航片对每一个图斑，用规定的地类号，从上至下、从左至右给地类图斑实行流水编号。用分式表示：分母为地类号，分子为本航片内以村为单位的流水编号。如11/52，52为农村居民点地类，11为图斑号。

2．接边：调绘航片经过初步着墨整饰后要与邻片邻幅接边，检查各种界线和线状地物是否闭合，相邻地类图斑是否一致，有无重叠和遗漏等。其接边误差平地不大于1.5mm，丘陵不大于2.0mm，山地不大于3.0mm，当其在限差以内时，每片改正一半，超过限差或有争议时，应到实地检验改正。

（五）填写手簿

手簿填写是调查作业的内容之一。土地调查成果是进行土地质量调查和土地评价的重要依据。因此在野外调绘中必须同时认真填写手簿中各个项目的内容和绘制概图。手簿格式见表2-2和表2-3。

××省土地利用现状调查表　　　　表2-2

图幅编号：	△				概图：		
航片编号：	△	当地名称：		△			
图斑编号：		自报面积：		△			
临时图斑号：	△	量测面积：					
地类编号：	△	权属	乡名：				
地类名称：			村名：				
零星地类	编号：	1.	2.	3.			
	名称：						
	权属						
	面积(ha)：						
线状地物	名称：	1.	2.	3.	4.	5.	6.
	实宽(m)：						
	长宽(m)：						
	面积(m)：						

调查人＿＿＿＿　调查日期＿＿＿＿年＿＿月＿＿日　检查人＿＿＿＿　检查日期＿＿＿＿年＿＿月＿＿日

注：打"△"号者为野外调查项目，其余为室内根据资源调查整理项目。

在填表2-2、2-3时，作如下几点说明：

1．图幅编号：本图斑所在1:10000地形图图幅编号。
2．航片编号：本图斑所在调绘航片编号。
3．临时图斑号：本图斑外业调绘时编号，以村为单位按1、2、3、4……顺序编号。
4．图斑编号：转绘后编图时以村为单位图斑号，外业暂不填。
5．地类编号：按土地利用现状分类系统编号填写，如圩田填为111号。
6．地类名称：按分类填名称。

7. 地类符号：按规程中二级分类图式规定符号填写。

主要质量因子调查表　　　　　　　　　　表 2-3

气候	特点	耕地	园地、园林	牧草地	居民点	水域
地貌	类型：△ 高程：△ 坡度：△ 坡向：△ 侵蚀情况：	种植作物：△ 主要品种： 耕种特性： 排灌条件： 园田化情况：△ 常年产量： 常年产值：	林分起源：△ 树种：　△ 林（果）龄： 平均高： 平均直径： 郁闭度： 每亩株数： 生长情况：△ 蓄积量：	草地类型：△ 植物群名称：△ 群落结构： (1)高度： (2)盖度： (3)多度： 适口度： 产草量：	名称： 建筑面积总和： 建筑结构： 人中总数： 人均用地： 内部交通　△ 内部设施　△ 绿化情况　△	蓄水总量： 水质　△ 含沙量： 堤岸情况：△ 建筑质量： 航运能力： 养殖产量：△ 灌溉效益：△ 苇地、滩地： 种植产量：
岩石	种类：△ 质量： 贮量：					
水文	水源： 地水位： 水质：					

土　　　　　　　　壤

土种名称	土壤图斑图号	剖面形态				主要理化性质										
		层次	深度(cm)	质地	结构	紧实度	有机质(%)	全氮(%)	全磷(%)	全钾(%)	碱解氮(10^{-6})	速效磷(10^{-6})	速效钾(10^{-6})	pH值	容重	机械组成	其他

8. 当地名称：通过调查访问填写当地群众对该地块（图斑）通俗名称，如石子岭、鸡公山、上洲田等。

9. 自报面积：通过调查访问当地群众自报该图斑（地块）面积。

10. 量测面积：转绘量算面积后数字，外业暂不填写。

11. 权属：填写该图斑权属乡、村名。

12. 线状地物：外业调绘时已在航片上表示丈量宽度及量测点位，可暂不填写长度和面积，待内业重测线状地物长度计算面积后再填写。

13. 零星地类：

(1) 编号：填写该地类在图斑内编号。

(2) 名称：按分类填写地类名称。

(3) 权属：填写该地类权属乡、村名。

(4) 面积：填写实地丈量面积。

14. 概图：简略描绘该图斑位置、四周地名、线状地物通过位置和零星地类大致位置、形状、面积等。

15. 土地利用状况，可根据下列内容择重填写：

(1) 气候：小气候特点：填写该图斑所处位置特殊气候情况，如无可不填写。

(2) 地貌：

1）类型：按低山、高丘、低丘、岗地、平地、低洼地六种地貌填写。
2）海拔高程：查地形图相应高程填写。
3）坡度：指图斑坡度，用1∶10000地形图选择有代表性地段量算该图斑坡度。坡度分级见表2-4。

坡 度 分 级 表　　　　　　　　表 2-4

坡度名称	坡角度	坡度值	说　　　明
平坡	<2°	<0.035	1. 坡度值=等高线间差/等高线水平距 2. 坡度值上含下不含
缓坡	2°～6°	0.035～0.105	
斜坡	6°～15°	0.105～0.268	
急坡	15°～25°	0.268～0.466	
陡坡	25°以上	>0.466	

4）坡向：按东北、东、东南、南、西南、西、西北、北八个方位填写。
5）侵蚀情况：按无、轻度、中度、强度、剧烈五种情况填写。
各种侵蚀情况表现：
轻度：面蚀；中度：浅沟切割；强度：深沟切割；剧烈：表面侵蚀殆尽，极易崩塌。
(3) 岩石：
1）种类：填写岩石种类名称，如红砂岩、花岗岩等。
2）质量：指岩石用于建造等方面质量。
3）贮量：估算或收集有关资料后再填写。
(4) 水文：
1）水源：填写农、牧等用地灌溉水源，如河水、水库水、地下水等。
2）地下水位：室内查土壤剖面记载表，按其记载填写。
3）水质：填写有无污染情况。
(5) 耕地：
1）种植作物：填写该图斑现状种植作物名称或轮作种植方式。
2）主要品种：通过访问填写现状种植作物主要品种。
3）耕作情况：通过调查访问，填写该地块耕作难易程度。
4）排灌条件：指图斑内田、地块防洪排涝、灌溉条件好坏情况，主要填不足之处。
5）田园化情况：填写该图斑有无田园化。
6）常年产量：通过调查访问，填写该图斑一般年景下平均产量是多少（以 kg/ha 表示）。
7）常年产值：通过调查访问，填写该图斑一般年景下全年种植产值、净产值情况（以元/ha 表示）。
(6) 园地、林地：
1）林分起源：分天然林、人工林两项记载。
2）树种：分杉木、马尾松、阔叶林、竹林记载。果树按柑橘、梨等填写。
3）林（果）龄、平均高、平均直径、郁闭度、每亩株数、生长情况、蓄积量（每公顷产量），室内查二类森林资源调查小斑记载簿，并经过现场修改后记载。

(7) 牧草地：
1) 草地类型：根据中国南方草地资源调查技术规程和中国北方草地资源技术规程分类。
2) 植物群落名称：按草地优势植物各顺次排列表示。
3) 群落结构：
(a) 高度：草地植物自然生长状况下平均高度。
(b) 盖度：植被覆盖地面积程度，以百分率表示。
(c) 多度：记载面积内各种植物个体数量多少。通常采用德氏多度制：
SOC 极多、COP 很多、COP^1 较多、COP^2 多、SP 稀少、SO_a 个别、UN 单株。
4) 适应性：牲畜饲用优劣，分优、良、中、低、劣五等。
5) 产草量：单位面积产量，以 kg/ha 表示。
(8) 居民点用地：
1) 居民点名称：填写自然村或单位名称。
2) 建筑面积：可利用宅基地清查资料填写。
3) 建筑地构：现场中踏勘填写，分土木结构、砖石结构、钢筋混凝土结构。
4) 人口总数：通过访问填写。建筑总面积，人均用地在面积量算后填写。内部交通和内部设施通过现场踏查填写。
(9) 水域：
1) 蓄水总量：指水库、坑塘总蓄水量，通过水利主管部门查询填写。
2) 水质：指水域（包括江、河、水库、湖泊等）水质好坏、主要污染情况。
3) 含沙量：外业通过现场勘查含沙量多少、室内查阅有关资料填写。
4) 堤岸情况：主要填写堤顶高程、边坡等情况。
5) 建筑质量：填写坝型、是否有险段等。
6) 航运能力：指江、河航运载重大小、航运里程等。
7) 养殖：通过水利主管部门查询填写。
8) 灌溉效益：填写可灌溉面积，查询主管部门填写。
(10) 土壤：收集农业主管部门资料进行填写。

填写手簿字体必须端正、内容齐全，不得乱涂乱画。调查手簿为调查原始资料之一，必须妥善保管，作业完成之后整理装订成册，交主管部门长期保存。

(六) 编写外业调查简要说明

外业调查结束后，调绘者应编写简要说明，内容有基本情况、调绘工作简况、土地利用经验与存在问题等。

实习三 航片转绘

一、目的与要求

土地调查是应用具有一定现势性的航摄像片，通过实地调查，并记录在航片上。由于航摄像片本身存在着由于航片倾斜引起的像点元素位移，又由于地形起伏引起的像点元素位移，使得航片本身存在倾斜误差、投影差。由此产生航摄像片的比例尺处处不一致。

航片转绘的目的就是利用投影转绘仪来实现消除航摄像片的倾斜误差、限制投影差，将以单张航片进行土地调查的像片平面图归化为统一比例尺，且以地形图分幅为标准的正射投影的土地利用现状图。

顺便说明一下，若应用正射投影的像片平面图进行野外土地调查，就不需要进行航片转绘。因为像片平面图是通过正射投影仪制作，它已经消除了倾斜误差、限制了投影差，并归化为整幅且比例尺一致的像片平面图。

航片转绘工作要求每张航片有一定数量的平高点，有必要的转绘工具以及制作缩小片的材料及工艺。

二、准备工作

（一）资料准备

1．作业人员作业前，必须熟悉技术规程，领取航片以及相匹配的电算加密成果和地形图。

2．将经过土地调查着墨整饰后的航片，应用透光缩小的方式，制作成 54mm×54mm 的玻璃缩小片，并要求反差适中。

3．熟悉图幅所在的境界、权属，航片比例尺、焦距及控制点测定等情况。

4．详细分析图幅内的地形特点，高差情况和地貌特征。上工序有哪些说明，有无特殊情况需要处理，调绘片上的符号、注记是否清楚，作业中应注意哪些问题等，都应做到心中有数。

5．通过调绘片的排列编号，了解图幅（或航片）四周接边情况以及权属境界的封闭情况等。

（二）工具、仪器准备

1．HCD-1 型单投影器转绘仪

HCD-1 型单投影器转绘仪，是分带转绘的主要仪器。它可用航摄像片的缩小片进行分带投影转绘和像片纠正。仪器的全貌如图 3-1 所示。它由投影器镜箱、聚光镜室、移动导轨、电源、照明装置、作业台等部分组成。

（1）投影器镜箱

投影器镜箱是转绘仪中最主要的部件，如图 3-2 所示。

整个投影器镜箱由镜头、镜箱和承片框组成。镜箱是以两个螺钉支承在能做双向转动的支架 1 上。镜箱上端是承片方框，框图上装有承片玻璃 2。玻璃中间的黑点就是投影器

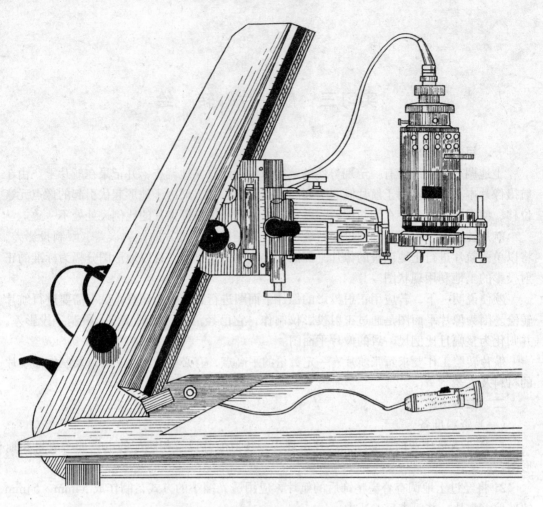

图 3-1　HCD-1 型单投影器转绘仪

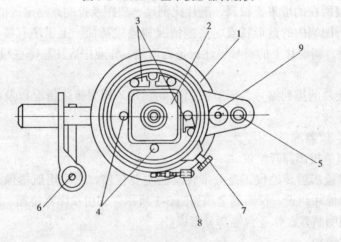

图 3-2　投影器镜箱

的主点。

　　在承片框的旁边设有使像片主点与投影器主点重合的归心装置 3，对面还有二个带反压力的弹簧滚轮4。

镜头装在镜箱下端，借物镜框的转动能做上下移动而改变主距值，主距变化值可以从镜头框边的分划环上读出，每格为0.05mm。镜箱由内外两个圆环支撑，借旁向倾斜角ω、航向倾斜角ψ和旋角κ三个转动螺丝作前后左右倾斜及旋转用以纠正对点，如图3-2中的5、6、8（7为κ的固定螺丝）。此外还有指示投影器水平的水准气泡9。

（2）聚光镜室

图3-3所示，它由灯头3和两个消球差的平凸透镜1（简称聚光镜）组成。在缺口2中可以分别插入三种镜片即：

1）匀光镜；

2）补偿镜；

3）红色滤光片：纠正时使用。

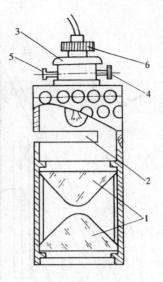

图3-3 聚光镜室

为了使灯光聚焦于投影器镜头的节点，在灯头部分有左右、上下移动的螺丝，如图3-3中的4、6和反力弹簧顶针5，调整这些螺丝可在承影面上得到均匀的照度。

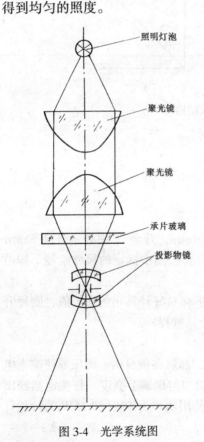

图3-4 光学系统图

投影镜头和聚光镜室组成转绘仪的光学系统，如图3-4。

（3）升降和前后、左右移动导轨

如图3-5，Z方向的升降滑座1紧靠着机身的导轨上下移动（将齿轮偏心轴套2扳至"合"的位置上，旋转手轮3可做上下微动；扳至"离"的位置上，用手推动滑座能做上下粗动）。

b_z的移动与Z方向的滑座是紧密地联在一起的，它的移动主要靠手轮7的转动来实现。靠近b_z分划尺处有一个圆筒梯形尺4，在选择ΔZ时，可旋转手轮5。调整梯形尺与b_z分划尺零位时，可旋转手轮6，使梯形尺做上下移动。

b_x和b_y的移动，靠手轮8和9来实现。b_x、b_y、b_z手轮旁均设有测微鼓，可做零位置调整。

螺丝10是用来固定投影器的。

（4）梯形尺的制作和用途

由于一张像片的Z_1、H_1、Q是相同的，因此，ΔZ只有一个。但在一幅图中每张像片的ΔZ就不一定相同了。实践证明不同图幅的ΔZ一般在1～4mm以内变化，为了转带方便，在转绘仪上有一个1～4mm变化范围的ΔZ梯形尺（见图3-6）。

将图3-6（a）中的AA'、DD'、EE'、BC一段放大成图3-6（b）。

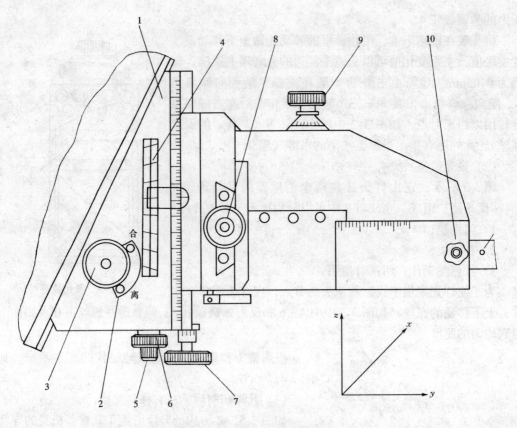

图 3-5　HCD-1 型单投影器转绘仪结构图

设 $AA' = 1\text{mm}$
$BC = 4\text{mm}$
$$OA = AD = DE = EB = BO/4$$
根据相似三角形原理的比例关系可得：
$$DD' = 2\text{mm} \quad EE' = 3\text{mm}$$

若以 OAB 为起始带面，指标升至 A'，则表示升高 1mm，升至 E' 则表示升高 3mm，而其余各点为 1.1、1.2、1.3、1.4、1.5……。因此，只要按图中标定的尺寸绘制，即可得出梯形尺。

因为一张像片的 ΔZ 是相同的，所以只要将仪器的指标对好计算出的 ΔZ 值，则每升（降）一个小格，就说明已转入新的一带，这就可省去计算过程。

(5) 照明装置

照明电源部分由调压器、可变电阻器、保险栓组成，都装在机身内。调压器使输入电源 110/220V 的电压降为 12V。旋转可变电阻器旋钮，能均匀地调节亮度。灯头电插输出电压最大为 12V，观察灯电插输出电压为 6~8V，分别使用功率为 50W 和 15W 的特种灯泡。

2. 投影器各元素的动作对投影图形的影响

设仪器水平时投影点构成一正方形。图 3-7 中，原投影图形以实线表示，变动后的图形以虚线表示。

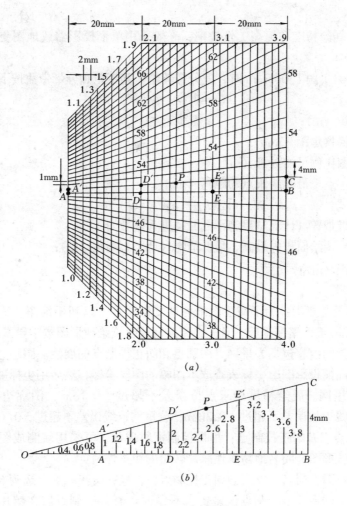

图 3-6 ΔZ 梯形尺

(1) b_x：使各点向 X 方向移动等大数值，图形不变。

(2) b_y：使各点向 Y 方向移动等大数值，图形不变。

(3) b_z：使各点沿辐射移动，图形只放大或缩小，形状相似，供改变比例尺用。

(4) φ：投影点一边向内移，一边向外移，使正方形图形变为梯形，各点移动的轨迹为对称于 Y 轴的双曲线。

(5) ω：与动 φ 情况相似，各点移动的轨迹为对称于 X 轴的双曲线。

(6) κ：各点移动的轨迹为以主点为中心的圆，图形不变。在投影器倾斜时旋转，图形有变化。

3. 对新使用的投影转绘仪以及工具进行全面的检查，看仪器运转是否正常、是否符合精度要求。

三、实习内容及步骤

(一) 转绘原则

1. 用航片做外业调绘，须将调绘内容转绘到以相应比例尺地形图做底图且已展绘地图数学要素的工作底图上，以消除航片的倾斜误差和投影差，并归化为统一比例尺的土地利用现状图。

2. 为了保证转绘精度和提高工作效率，一般采用单个投影器或地图更新仪等小型仪器转绘。

3. 当投影差大于图上 0.5mm 时，应分带转绘。其带距和分带带数按下列公式计算：

带距公式：
$$Q = 0.001 fM/r \qquad (3-1)$$

式中　Q——带距（m）；

　　　f——航摄仪焦距（mm）；

　　　M——成图比例尺的分母（m）；

　　　r——象主点至最远纠正点的距离（mm）。

分带带数公式：
$$N = [(h_{高} - h_{低})/Q] + 1 \qquad (3-2)$$

式中　N——分带带数（计算结果为小数时须进为整数）；

　　　$h_{高}$、$h_{低}$——航片调绘面积内最高、最低地物（地类）高程（m）；

　　　Q——带距（m）。

（二）转绘步骤

1. 展绘地图数学要素：为了减少图纸伸缩变形误差，以利于编图、清绘和保存原始图件，采用 0.1mm 毛面聚酯薄膜。首先在聚酯薄膜上展绘地形图数学要素。

展绘数学要素的内容包括方里网、图廓点和纠正控制点的展绘。图廓点和方里网的展绘，应用 1:1 万高斯投影图廓坐标表查取本图幅的图廓坐标，然后用坐标展点仪或格网尺展绘图廓点和方里网。展绘精度要求点位误差不超过 ±0.1mm，图廓边长误差不超过 ±0.2mm，对角线边长误差不超过 ±0.3mm，公里网连线误差不超过 ±0.1mm。

2. 展绘像主点以及纠正控制点：根据控制资料现状，可采用航测成图中的电算加密成果或用航片和地形图上同名地物点作航片转绘的纠正控制点。

用航片和地形图上同名地物点做纠正控制点时，应在每张航片上选刺 6 个以上明显地物点，并在航片上刺点表示，刺点误差要求不超过 0.1mm。刺点后在航片反面按规定作好标记，并编号，然后将其转刺在地形图上。

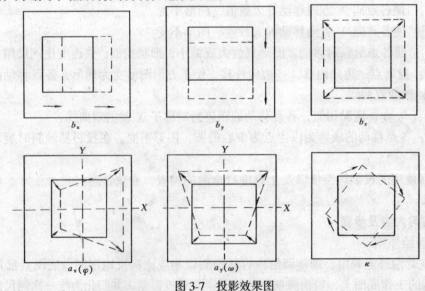

图 3-7　投影效果图

航片上像主点如不能在地形图上直接刺出，可以用辐射后交法定出。

在地形图上用分规和复比例尺量取纠正控制点和像主点坐标并根据图纸伸缩系数进行改正，展绘到聚酯薄膜的工作底图上。展点误差要求不超过 0.1mm。

3. 计算航高：航片绝对航高 H 为像主点航高 $H_主$ 加像主点的高程 h，计算见表 3-1。

像主点航高计算表　　　　　　　　　表 3-1

控制点号	r_i (mm)	R_i (mm)	h_i (m)	Δh (m)	$\delta = \Delta h \cdot r / H$ (mm)	纠正后 r_i (mm)	$m_i = (R_1 + R_3) / (r_1 + r_3)$	$H_主 = m_i f$	H_i 平均

表中：r_i 像片上像主点至控制点的距离；R_i 地形图上像主点至控制点的距离；h_i 控制点的高程；Δh 像主点与控制点间的高差；δ 投影差；H 测绘部门提供的设计飞行航高；m_i 像主点比例尺分母；$H_主$ 像主点航高；f 航摄仪焦距。

4. 计算投影差改正：依据每一张调绘片的平均高程（需取整）作为分带转绘的起始高程面，在此基础上计算每张航片的电算加密控制点或同名地物点的投影差改正数。图板上投影差改正公式为：

$$\delta = \Delta h \cdot r / (H_1 - \Delta h) \tag{3-3}$$

式中　δ——投影差；

　　　Δh——控制点对起始面高差；

　　　H_1——起始面相对航高；

　　　r——控制点到辐射中心（像主点）的距离。

在图板上改正投影差，实质上是在图板上引入投影差，因此，当计算的投影差为正时，背离辐射中心的方向改正；当计算的投影差为负时，向着辐射中心的方向改正（如图 3-8）。改正时，从图板（底图）上按坐标所展的点位开始，按计算的投影差值沿辐射线量取距离，在底图上求出改正投影差的新点位。

5. 分带转绘：无论采用哪种仪器转绘，其纠正控制对点误差一般图上不大于 0.5mm，最大不超过 0.8mm，转绘点位对地形图上明显地物点误差不得大

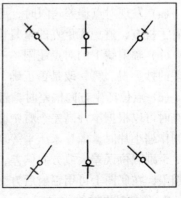

图 3-8　投影差改正

于表 3-2 规定的中误差值，相邻航片、图幅、高程带间的接边误差一般不大于表 3-2 中规定的最大误差。若接边误差在允许误差范围内，各边改正一半。

不同地形转绘点（位）允许误差　　表 3-2

地形类别 \ 比例尺	航片内相对高差 (m)			中误差 (mm)	最大误差 (mm)
	1:10000	1:25000	1:50000		
平地	<15	<35	<70	0.75	1.50
丘陵	15～100	35～100	70～300	1.00	2.00
山地	>100	>150	>300	1.50	3.00

6. 单个投影器转绘步骤

（1）装片归心：安放缩小片时药面朝下，并使其主点和仪器主点重合，转动 b_x、b_y（或转动底图）使缩小片辐射中心点的投影和图板上相应点重合。

（2）纠正对点：使已改正到起始面上的各点投影，通过定向螺旋的动作与底图上的相应点重合。其步骤如下：

1) 转动 κ 或底图，使图板上的各纠正点通过投影下来的相应辐射线。

2) 用 b_z 升降投影器，使投影图和底图上相应图形接近一致，并照顾起始面上下各带投影时 b_z 够用，以避免二次对点。

3) 运用 Φ、Ω 使投影影像按所要求方向倾斜，移动底图或转动 b_x、b_y 恢复图形，再用 b_z 缩放。

依照上述各步反复进行直至点对好为止。对点误差满足分带转绘叙述要求。

4) 量取图板（底图）至仪器镜头前节点的高度 Z_1，量测误差不超过 0.5mm，计算 ΔZ_1（取至 0.1mm）。计算公式为：

$$\Delta Z_1 = Q/M = QZ_1/H_1 \tag{3-4}$$

式中　H_1——起始带面的相对航高 (m)；

　　　Z_1——镜头前节点至底图的投影高度 (mm)；

　　　Q——带距 (m)。

将计算结果安置在投影器的梯形尺上。

5) 对点误差超限的检查和处理原则，对点误差产生的原因是多种多样的，超限的原因也多种多样。这里根据分带转绘特点叙述如下：

(a) 发现对点误差超限时，可以先对好大多数点，暴露误差最大的点，从误差最大的点着手检查，避免无重点的重复检查而耽误时间。

(b) 辐射线上的对点超限，一般是由于投影差算改不正确而引起的，故应首先检查投影差的抄、量、算、改是否正确，然后再查刺点。

(c) 点位产生方向偏差时，若偏差普遍而又矛盾，一般是由于主点有错误所引起的。检查时可以根据本片高差查看中心点是否用错。检查无误后，再检查像片有无不均匀伸缩或制作缩小片时，像片未压平等现象。

个别点位误差大或方向偏差，一般是点位有错，应检查刺点、展点和计算。如主点误差超限，在底图上可用辐射后方交会方法检查改正。

7. 分带投影转绘

(1) 计算转带距 ΔZ；计算带距 Q；其单位为 mm，取至小数点后两位。

为提高投影转绘精度和作业方便，实际作业中常选两条计曲线的高差为带距 Q 来计算 ΔZ，带面放在计曲线上，转绘时采用 $\Delta Z/2$ 的半带距转绘。

(2) 安置转带距 ΔZ；投影转绘一般从最低带开始，按先低带后高带的顺序进行，旋转梯形尺对准 ΔZ 值，而后用 b_z 调整投影器至最低投影带面。转动 b_y、b_z、κ 螺旋（或移动旋转图板），恢复底点位置及辐射方向线，实现图板复位，开始最低带投影。

(3) 转绘地物、地类；转绘地物、地类有两种方法供使用，在带面上转绘计曲线和计曲线上下各一条首曲线，再升降 $\Delta Z/2$，在半带面上转绘两条首曲线，依次循环。或者在带面上只转绘一条计曲线，然后升降 $\Delta Z/2$，在半带面上转绘 4 条首曲线，依次循环。

在转 $\Delta Z/2$ 带或下一带后，注意图板必须利用起始带所标示的点位重新对准投影底点（辐射中心），并恢复辐射方向线，实现图板复位后，方可进行地物、地类转绘。

(4) 自我检查：每片投影转绘完后，应进行自我检查。重点是分带与转带有无错误，地物、地类有无遗漏或变形，以及接边差有无超限等。地物、地类应按照投影位置描绘，描绘误差最大不得超过图上 0.2mm，带与带接边差不得超过图上 0.8mm，片与片接边差及图幅与图幅接边差不得超过图上 1.0mm。

(5) 整饰清绘：接边差在限差以内时，一般各改一半，取平均位置为正确位置。清绘时要认真描绘，各种地物、地类元素不能变形和移位，对图廓及图廓外按图式规定进行整饰。

8. 填写转绘记录手簿，转绘各步骤均有查表、计算等工作，其各项数据都必须及时记录手簿，以备查证。

(三) 编图

转绘草图经检查验收合格后即可进行编图。编图工作内容为：

1. 将相邻的同一单位（在图斑最大允许面积范围内），同一地类的图斑合并。

2. 将航片上以村为单位的临时图斑编号改为图幅上以村为单位的连续图斑编号。航片、手簿、图幅图斑编号要一一对照统一，做到不漏不重。

3. 图斑编号方法：

(1) 同一图上同一村的所有图斑，应自上而下，自左到右，按 1、2、3……顺序连续编号；同一图幅不同村或同村不同图幅的图斑，应各自编号。

(2) 与行政界或地类界无论重合与否的半依比例尺线状地物，一般不单独编号。

(3) 依比例尺线状地物、宽度在 30m 以上应按图斑统 编号，其两侧同一地类不宜合并成一个图斑。

(4) 个别小图斑位于另一种地类的大图斑之中，小图斑在图上面积大于 $1cm^2$ 以上时，应单独编号。如其内有二个以上小图斑时可沿小图斑的走向，用线条将大、小图斑界线联结，把大图斑分成不同编号的二个独立图斑。

如小图斑面积小于 $1cm^2$ 可作为大图斑的附图斑，编号是在大图斑编号右下方加 1、2……数字，用方格法单独量算面积，不参与平差。

4. 为了便于清绘，对不同地类界线可以用不同颜色或符号表示，但色彩不宜过多，一般水系以绿色线条勾绘，地类界以 0.2mm 粗红色线条勾绘，公路以 0.5mm 粗黑色实线表示，农村道路以 0.2mm 粗黑色实线表示。

编稿图经按规定图式着墨整饰后即为土地利用现状图的分幅原图，可供量算面积和编绘 1:50000 县级土地利用现状图使用。

县内业编图检查手簿见附录三。

内业编图图斑对照表见附录四。

实习四　土地面积量算

一、土地面积量算原则

土地面积量算以图幅为基本控制，分幅进行量算，按面积比例平差，自下而上逐级汇总。

（一）以图幅为基本控制

土地面积量算，是以土地利用现状图的图幅理论面积作为图幅内所有土地面积量算的控制依据。同一土地使用单位的土地，如果分布在相邻的几幅图上，则应在分幅图上分别量算面积，最后通过汇总求得。

（二）分级进行量算

土地面积的量算，应从整体到局部、分级进行。一般是以图幅理论面积作为一级控制面积来进行农村的乡、城镇的区（或街道）的面积量算和平差计算。然后以乡、区（或街道）平差后的面积，作为二级控制来进行权属单位面积的量算和平差计算。必要时，可进行三级控制平差计算，以确定各地块的正确面积。

为了将面积误差控制在一定范围内，不宜采用由图幅理论面积直接控制地块面积的量算方法。

（三）按面积比例进行平差

按面积比例进行平差，是指在同一图幅内同一级面积量算中，当量算面积之和与控制面积之间的误差小于允许值时，可对各部分面积按大小进行配赋。在一幅图内，图斑的面积很大时，为了便于测算，可将图斑的范围划分为若干地块。在同一幅图内，各个权属单元平差后的土地面积之和应与该图幅的理论面积完全相等。

（四）从下而上、逐级汇总

在有关图幅分幅量算工作全部结束后，按行政单位（村、乡（镇）、县）自下而上地逐级将分布在相邻图幅上的同一单位平差后的面积，汇总成整体面积。

在农村，按下列顺序进行：

各村地类汇总统计→各乡（镇）地类汇总统计→全县地类汇总统计。

在城市，按下列顺序进行：

各权属单位地类汇总统计→各街道地类汇总统计→各区地类汇总统计→全市地类汇总统计。

二、土地面积量算程序

土地面积量算的程序（见图4-1）与统计和土地面积量算的层次与方法有关。通常可以是解析法与图解法。前两种一般用于城镇地籍；后一种适用于农村地籍。在城镇地籍中，对宗地面积精度要求比较高。从土地面积量算的全过程来看，一般是三级量算两级控制，即以图幅土地面积量算为第一级量算，其理论面积作为首级控制；街坊（或村）作为第二级量算，其平差后的面积和为第二级控制；宗地（或农村地类）面积为第三级量算。

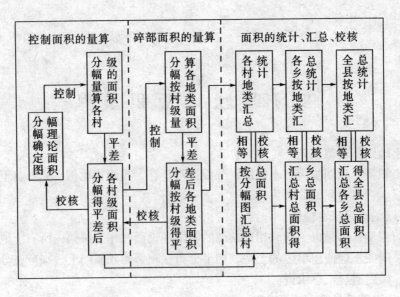

图 4-1 土地面积量算程序

三、量算方法和工具选择

（一）量算方法

土地面积量算有很多方法，如光电求积仪法、解析法、图解法（格网法、格点法、平行线法、沙维奇法、求积圆盘法、求积仪法）等。上述的面积量测方法都有其各自的优点和使用限制。面积量算方法和工具的选择，应根据面积量算的精度要求以及所量测图形的形状和大小来决定。特别是采用图解法量测图形面积时，并不限于使用一种方法，在保证一定精度的前提下，可将几种方法结合使用。

在各类面积量算方法中，图解法方法简便，易于掌握，但精度略低。从图上量算面积时，由于图形形状、大小不同，故虽采用同一仪器工具，但所获得的面积精度并不完全相同。

方格法简便易行，应用范围广，适用于各级控制面积及碎部面积量算，尤其适用于小图斑的量算。亦可与其他方法结合使用。但该法费工费时，并受测量工具精度的影响。

求积仪法有着速度快的优越性，对大图形面积用求积仪量算比较理想。求积仪法适用于各级控制面积及碎部面积的量测，也适用于外形不规则图形的量测。但不适用于 $1cm^2$ 以下的图形和呈十分狭长状图形的量测。

光电求积仪法可用于各级控制面积各碎部面积的量测。该法精度高、速度快；但准备工作量大，不易掌握。量测图斑的大小受仪器幅面大小的限制。配套设备庞大，设备费用高。

（二）量算方法和工具的选择

量算方法和工具的选择取决于实习条件。一般情况下，控制面积量算采用求积仪-沙维奇法；碎部面积量算采用求积仪法；图上面积小于 $100mm^2$ 或呈狭长图形时采用方格法。因求积仪缺少而作业人员多时，亦可采用方格法量算面积。用求积仪量算面积，需选用质量合格并经过校正的仪器，用方格法量算面积需采用边长为 1mm 的正方形的网格透明膜片。有条件的，可采用微机-数字化仪面积量算系统或扫描式数字化仪面积量算系统。

四、基本步骤

以求积仪法为例：

（一）控制面积量算

1. 分幅从"1:10000 高斯—克吕格投影图廓坐标表"中查取图幅的理论面积，作为面积量算的控制。

2. 测定求积仪分划值：利用图上公里网格测定求积仪分划值，在欲测图纸上的不同部位取 2 个公里网格，分左右二极，分别量算二次（一测回），当其分划值在允许误差范围之内时平差计算分划数，然后用已知面积数除以分划数得分划值（精确到小数点后四位）。

3. 量算图幅内各乡（村）的土地总面积，当图幅内乡（村）数量少，图斑多时，可利用地物界线分片量算面积。

4. 单幅图内各分区面积量算结束后，将各分区面积 P_i（$i = 1、2、3\cdots$）相加累总（ΣP）。

$$\Sigma P = P_1 + P_2 + P_3 + \cdots\cdots + P_n \tag{4-1}$$

5. 检查量算结果：单幅图内各分区量算结果之和应等于图幅理论面积 P_0，如不相等，计算闭合差 ΔP 和相对闭合差 $\Delta P_{相}$。

$$\Delta P = \Sigma P - P_0 \tag{4-2}$$

$$\Delta P_{相} = \Delta P / P_0 \tag{4-3}$$

6. 量算误差小于允许值时（见量算精度），则计算平差系数 K，平差系数等于闭合差与量算面积之比。

$$K = \Delta P / \Sigma P \tag{4-4}$$

7. 计算各分区平差改正数：改正数（$\Delta P'$）等于平差系数与量算面积之乘积，其数值同绝对误差相等，符号相反。

$$\Delta P' = -KP \tag{4-5}$$

8. 改正：量算面积（P'）等于 P 加相应的改正数 $\Delta P'$。

$$P' = P + \Delta P' \tag{4-6}$$

9. 校核：各分区改正后面积（$\Sigma P'$）应等于单幅的理论面积。

$$\Sigma P' = P_0 \tag{4-7}$$

10. 平差也可采取消差法。即先计算消差系数 C，消差系数等于理论面积与量算面积之比。

$$C = P_0 / \Sigma P \tag{4-8}$$

11. 改正后的分区面积即为二级控制面积数，在其内进行图斑面积量算。

（二）图斑面积量算

1. 图斑面积量算分为查取分区控制面积，确定量算工具的最小单位值，按编号顺序逐一量算图斑面积三个过程。

在图斑面积量算过程中，用求积仪法可用一个极位，但应量算二次；用方格法量算应变换方向量算二次。

2. 求出各图斑面积之和 $\Sigma P'$。

3. 求闭合差：

$$\Delta P = \Sigma P' - P_1 \tag{4-9}$$

式中 P_1——二级控制面积。

4．求改正系数：
$$K_2 = \Delta P / \Sigma P' \tag{4-10}$$

5．平差后图斑面积：
$$P = P' + P'K \tag{4-11}$$

式中 P'——为平差前图斑地类面积。

6．从平差后图斑面积 P 中减去图斑内所有线状地物和附属图斑面积，即该图斑净面积。

五、线状地物面积量算

（一）不单独作图斑的线状地物一般按矩形计算面积，宽度用外业实测值，长度在工作底图上量取。

（二）线状地物以其中心线做图斑界计算时，则应从两侧的图斑中扣除线状地物的相应面积。

六、量算精度要求

（一）控制面积量算允许误差（一级控制）按公式（4-12）计算。
$$F_1 < \pm 0.0025 P_1 \tag{4-12}$$

式中 F_1——图幅理论面积允许误差；
P_1——图幅理论面积。

（二）图斑面积量算允许误差（二级控制），因量算方法的不同，分别按式（4-13）、（4-14）计算。

求积仪法： $F_2 \leqslant \pm 0.08 M (15 P_2)^{1/2} / 10000 \tag{4-13}$

方格法： $F_3 \leqslant \pm 0.1 M (15 P_2)^{1/2} / 10000 \tag{4-14}$

式中 F_2、F_3——不同量算方法与分区控制面积允许误差；
M——地形图成图比例尺的分母；
P_2——分区控制面积。

（三）同一图斑两次求积仪分划值的允许误差不得超过表4-1的规定。

求积仪量算面积允许误差　　表4-1

求积仪分划值	允许误差	备　注
<200	2	亦适用于重复绕圈的累计分划值
200～2000	3	同上
<2000	4	同上

（四）用其他方法量算面积，同一图斑的两次量算面积较差与其面积之比小于表4-2的规定。

其他方法量算面积允许误差　　表4-2

图上面积（mm²）	允许误差	备　注	图上面积（mm²）	允许误差	备　注
<50	1/20	图上面积甚小的图斑可适当放宽	1000～3000	1/150	图上面积甚小的图斑可适当放宽
50～100	1/30		3000～5000	1/200	
100～400	1/50		>5000	1/250	
400～1000	1/100				

七、量算汇总

（一）土地面积汇总应按图幅分村按地类逐级自下而上，即村→乡→全县进行统计。

（二）土地面积计算单位一律使用"ha"，精确到小数点后两位，其后数字四舍五入处理。

（三）面积量算数据直接填入规定表格，不允许涂改，错字用水平线划掉，在其上方或旁边重记。

（四）为了建立土地数据库的需要，土地统计各省按行政区划统一编码。

地（市）、县（市）编码由各省统一制定，乡、村编码由县统一编制。

另附：

分划值计算表（附录五）

控制面积量算表（附录六）

图斑面积量算表（求积仪法）（附录七）

图斑面积量算表（方格法）（附录八）

村零星地类面积量算表（附录九）

线状地物面积量算表（附录十）

乡土地面积汇总表（附录十一）

县、乡、村各类土地面积统计表（附录十二）

实习五 土地利用现状图和调查报告编绘(写)

一、目的与要求

编绘乡、县、地(市)、省级土地利用现状图以及编写土地调查报告,其目的是为了土地适宜性评价和土地经济评价。通过对土地的自然、经济属性的综合鉴定,将土地按质量差异划分为若干相对等级。以解决合理利用土地,更好地服务于土地管理和土地规划,使我国有限的土地资源在当前的科技水平中,发挥它的最大价值,并为永续利用进行全面规划。为此,编绘各级、各类的土地利用现状图,对查清我国土地资源的数量、质量及其分布,对制定国民经济计划及组织生产具有重要意义,它是各类规划和土地利用管理的基础图件。

因此,要求编绘乡级1:10000单色分幅土地利用现状图,县级1:50000单色或三色土地利用现状图,地(市)级1:250000和省级1:500000彩色土地利用现状图。编写乡(镇)和县级土地利用现状调查报告,介绍调查区域的自然经济与社会概况以及土地利用的经验与问题,提出合理利用土地的建议和设想。

二、准备工作

(一)作业员熟悉各级土地利用现状图的编绘方法以及规程要求。

(二)收集调查区域中小比例尺地形图,如1:10000、1:50000、1:250000、1:500000等。

(三)由于县、地(市)、省级土地利用现状图其比例尺小于乡(镇)级土地利用现状图,要求具备能满足精度要求的图纸缩小设备,如静电复照设备或类似的设备。

三、编绘方法

(一)乡土地利用现状图的编绘

乡(镇)土地利用现状图用1:10000分幅土地利用现状图直接晒印拼绘,图例见附录十三。1:10000土地利用现状图图外整饰规格见附录十四。

(二)县、地(市)、省土地利用现状图的编绘

县1:50000土地利用现状图采用1:10000分幅土地利用现状图静电复照缩小编绘。若缺乏静电复照设备,也可采用能满足精度要求的类似设备;如缩小复印或纠正仪对点缩小等方法。

地(市)、省级土地利用现状图采取以县1:50000土地利用现状图为基础逐步缩小编绘。其编绘步骤为:

1. 展绘数学基础,包括图廓点、经纬网、公里网和控制点,其展绘精度与航片转绘中展绘数学基础要求相同。

1:50000底图以相应的1:10000 16幅图的图廓点和控制点作控制。

2. 底图综合和描绘:依据1:50000、1:250000、1:500000土地利用现状图对图斑大小的要求进行综合取舍,1:50000土地利用现状图只反映1、2级土地分类。图上面积如小于$1cm^2$的图斑可舍去。

土地利用现状图主要表现各种地类利用现状分布情况，因而土地利用现状要素，如境界线、权属界线、地类界线、地类图式符号、图斑编号必须反映在图上；其次，也应表示地图数学要素，如经纬线、公里网、控制点等，图件注记和整饰要素，如各种注记、图名、图号、制图单位、调查日期、成图时间等。

各种比例尺土地利用现状图对地貌要素（等高线）的表示要求如下：

1∶10000 土地利用现状图，平原地区适当注记高程点，丘陵、山区按注记同比例尺地形图的计曲线。

1∶50000、1∶250000 土地利用现状图，平原地区适当注记高程点，丘陵、山区按 20、40、60、80、100、200、300、400……等高线表示。

1∶500000 土地利用现状图用 40、100、300、500、600、800、1000、1250、1500……表示。

在编绘过程中，根据照相缩小的要求加粗线条和注记，综合小图斑。线条加粗比例按照原图与成图比例尺的比例确定。

3．复照拼贴，经过综合和编绘的底图按成图要求复照缩小，然后将复照缩小后的分块图中的控制点打一直径小于 0.3mm 的孔，将分块图中控制点的小孔与已展绘数学基础的聚酯薄膜图上相应的控制点位对应进行拼贴，要求拼贴后控制点位移小于 0.1mm，线段位移小于 0.2mm，拼贴裂缝小于 0.2mm，折皱要均匀分布。

4．清绘、单色县级土地利用现状图着墨清绘，图式按附录十三规定要求。

省级土地利用现状图按规定色彩清绘，其地理底图采用土壤地理底图。

5．土地权属界线图，土地权属界线图 1∶10000 分幅土地利用现状图晒蓝图作底图描绘，其内容有：

（1）土地权属界线，包括作为权属界线（含争议界线）的线状地物和具有方位意义的主要线状地物和独立地物。

（2）权属界线的拐点及其平面坐标，拐点和界线的真实位置描绘有困难时，应用文字注明。

（3）权属单位全称，乡（镇）、县政府及村民委员会所在位置及名称。

6．检核，乡（镇）、县、地（市）、省级土地利用现状图编绘后应进行全面检核。

四、调查报告的编写

土地利用现状调查分为内业、外业，编写调查报告应由从事内业、外业并能掌握全面的人员，收集县各主管部门的相关资料，进行集体编写。其调查报告编写内容为：

（一）本县自然经济与社会概况。

（二）调查工作情况，包括人员组织、日程安排、经费、资料、技术、内业设备、编图手段、工作经验与存在的问题。

（三）调查成量和质量以及验收情况。

（四）土地利用经验与问题，合理利用土地的建议。

（五）土地利用现状调查表。

（六）土地利用现状图。

（七）其他调查成果。

附录：土地利用现状图图例（附录十三）；

1∶10000 土地利用现状图图外整饰规格（附录十四）。

实习六 城镇地籍调查

一、目的与要求

地籍调查是土地管理的基础工作。它是地籍测量的中心环节，为满足土地的权属管理、财政赋税、合理利用等要求而进行的土地调查，目的在于查清每一宗（丘）土地的位置、权属、界线、质量、数量和用途等基本情况，并在此基础上进行土地登记。

城镇地籍调查是一项涉及多方利益且十分复杂的工作，它的核心在于准确确定权属线（用地范围）。为此，在调查权属界线和房产情况时，要求调查人员认真学习地籍调查的有关规程，熟悉调查程序，并事先进行技术设计、资料收集、制定周密的调查计划，并与当地主管部门密切配合、协调，保证地籍调查工作必须按有关规定执行，以确保地籍调查工作符合技术规程要求，并为地籍测量工作提供可靠的数据资料。

二、准备工作

（一）制定计划：地籍调查前必须制定周密计划，包括调查的范围、方法、经费、时间、步骤、人员、组织等。

（二）确定范围：在 1:2000～1:10000 比例尺地形图上预先标绘调查范围，其范围应以图上有的实地地物为界，整个调查范围要与土地利用现状调查的范围相互衔接，不重不漏。

（三）收集资料

1．经过初审的土地申报材料，现有的地籍资料；

2．控制点资料，已有的大比例尺地形图、最新的航摄资料；

3．土地利用现状调查、非农业建设用地清查资料；

4．房屋普查及工业普查中有关土地的资料；

5．其他有关资料。

（四）技术设计：根据已有资料和实地踏勘的情况进行地籍调查项目技术设计，内容如下：

1．调查区的地理位置和用地特点；

2．地籍调查工作程序及组织实施方案；

3．地籍控制点的布设和施测方法，以及与城镇平面控制总体布局的关系，坐标系统的选择及依据；

4．地籍图的规格、比例尺和分幅方法；

5．选用的地籍勘丈方法；

6．地籍调查成果的质量标准、精度要求和依据；

7．可能存在的或发生的问题及处理预案等。

（五）表册及仪器：准备所需表格及簿册、置备地籍调查所需仪器和用品。

（六）人员培训：地籍调查人员必须熟悉有关地籍的政策法规和技术规程，明确调查任务，掌握调查方法、要求和操作要领，确保调查成果质量。

（七）准备调查工作图：用已有地籍图或大比例尺地形图复制图作为调查工作图。若利用已有地形图做工作底图时，需对新增地物和权属界线进行补测和标绘。若无上述图件的地区，应按街坊或小区现状绘制宗地关系位置图，内容包括图名、图号、各级行政界、街坊号、宗号、界址线、界址点及编号、土地利用分类、土地面积等内容。

（八）划分调查区域：根据调查范围，在调查工作图依行政界或自然界线划分调查区。

（九）预编地籍号：调查前逐宗预编地籍号，通过调查正式确定地籍号。编号方法如下：

1．地籍编号以行政区为单位，按街道、宗两级编号，对较大城市可按街道、街坊、宗地三级编号。

2．地籍号统一自左到右、自上而下由"1"号开始顺序编号。

3．同一街道、街坊、宗地被两幅以上基本地籍图分割时，应注记同一地籍号。

（十）调查通知：按调查工作计划，分区分片公告通知或其他方式送通知单，通知土地使用者按时到场指界。

三、地籍调查的实施程序

地籍调查是一项综合性的系统工程，政策性、法律性和技术性都很强，工作量大，难度高，必须在充分准备、周密计划、精心组织的基础上进行。要结合本地实际，提出任务，确定调查范围、方法、经费、人员安排、时间和实施步骤。地籍调查工作程序和内容见图6-1。

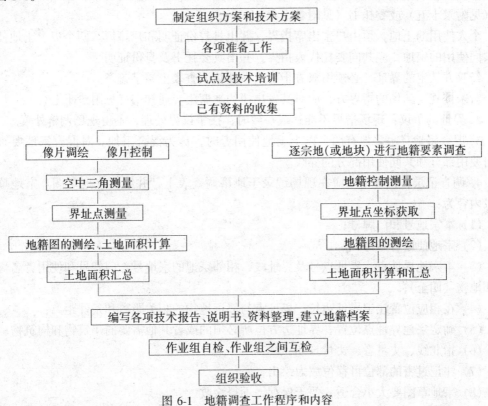

图6-1 地籍调查工作程序和内容

四、实习调查

(一) 权属调查

1. 权属调查的内容：包括各级行政区管辖界线——省、地（市）、县（区）、乡（街道）的行政界线；土地权属界线。

行政区管辖界线的调绘（查），通常是根据已搜集的测区内现势性较强的图件（如地形图、影像平面图）和资料，核实境界走向。若测区内原界线明确且上级政府主管部门已认可，则按原界线标绘；若行政管辖界线有变动或未定界时，应在上一级政府主管部门的配合下，实地踏勘标定，并经批准后才能正式进行标绘。未经批准前或经协商后仍有争议的，均按调查时的实际管辖现状，用未定界符号在图上标绘，并在调查表、册中注明。

土地权属的调查，应在末级行政区划范围内，以权属主为一单元，即按宗（丘）逐个进行。

土地权属调查包括：土地的所有制性质和土地权属性质；权属主名称、坐落地址、权属界址线等项目。在进行宗（丘）的权属界址线调绘时，不但需要在实地逐一认定，并应在调查用图上准确地标绘。当在调查用图上无法准确地标绘时，应在现场实测标绘。

2. 权属调查的方法：权属调查确定界线可根据各地不同情况分别采用解析法、部分解析法、图解法等。

(二) 界址调查

1. 界址的认定：必须由本宗地及相邻宗地使用者亲自到现场共同指界。单位使用的土地，须由法人代表（或法人委托代理人）出席指界，并出具其身份证明和法人身份证明书（见附录十五）或委托书（见附录十六）。

个人使用的土地，须由户主出席指界，并出具身份证明和户籍簿。两个以上土地使用者共同使用的宗地，应共同委托代表指界，并出具委托书及身份证明。

经双方认定的界址，必须由双方指界人在地籍调查表上签字盖章。

对未按规定到场的指界方，应对其发出违约缺席定界通知书（见附录十七）。

2. 界址的争议：现场指界不能达成一致时，按争议界处理，不得现场调解处置。

3. 混合宗地：一宗地有两个以上土地使用者时，称为混合宗地。对混合宗地要查清各自使用部分和共同使用部分的界线。

4. 调查记录：调查结果应在现场记录于地籍调查表上，并绘出宗地草图。宗地草图记录内容为：

(1) 本宗地号和门牌号；

(2) 宗地使用者名称；

(3) 本宗地界址点、界址点号及界址线，相邻宗地的宗地号、门牌号和使用者名称或相邻地物（四至）；

(4) 在相应位置注记界址边长、界址点与邻近地物的相关距离和条件距离；

(5) 确定宗地界址点位置、界址边方位所必须的或者其他需要的建筑物和构筑物；

(6) 指北线、丈量者、丈量日期；

(7) 注记过密的部位可移位放大绘出；

(8) 宗地草图要大小合适、便于保存，不得涂改。

(三) 界标设置

所有确定的界址点必须设置界标，界标的种类见附录十八，可根据实际情况选择设定。

地籍调查表中的界址点号是指地籍图上的相应界址点编号。界标种类包括钢钉、水泥桩、石灰柱、喷漆四种，若界标是水泥桩，则在水泥桩的对应栏内用"√"号表示。界标物类别是指界址线通过的具体有界标意义的建（构）筑物的类别，通常以围墙、墙壁、道路、巷子、水沟等作界标。填表时，在相应的界标物类别栏内用"√"号表示。界址线位置系指权属界址线所落界标物的具体部位，区分为内侧、外侧、中心三种情况，内——表示界址位置在界址物内；中——表示界址位置在界标物中心；外——表示界标位置在界标物外。

（四）地籍调查表的填写

1. 地籍调查表的主要内容

(1) 本宗地籍号及所在图幅号；
(2) 土地坐落、权属性质、宗地四至；
(3) 土地使用者名称；
(4) 单位所有制性质及主管部门；
(5) 法人代表或户主姓名、身份证号码、电话号码；
(6) 委托代理人姓名、身份证号码、电话号码；
(7) 批准用途、实际用途及使用期限；
(8) 界址调查记录；
(9) 宗地草图；
(10) 权属调查记事及调查员意见；
(11) 地籍勘丈记事；
(12) 地籍调查结果审核。

地籍调查表见附录十九。

2. 地籍调查表填写要求

(1) 地籍调查表必须做到图表与实地一致，各项目填写齐全，准确无误、字迹清楚整洁。

(2) 填写各项内容均不得涂改，同一项内容划改不得超过两次，全表不得超过两处，划改处加盖划改人印章。

(3) 每宗地填写一份。项目栏的内容填写不完的可加附页。

(4) 地籍调查结果与土地登记申请书填写不一致时，按实际情况填写，并在说明栏内注明原因。

地籍调查填表绘图是一项十分严肃和细致的工作，是基础的基础，不能有半点虚假。因此，表中各种数据、尺寸应随时校核，确定无误后，由各责任者签名，以示负责。

（五）地籍调查成果的整理

地籍调查工作结束后，应对调查成果、调查登记表及调查用图进行全面的检查与整理。凡不符合规范、技术规程要求或漏调部分，均应进行返工和补调，以确保地籍调查成果的质量。

1. 宗地图的整理：宗地图是土地证附图，要求选用规格为32K、16K或8K的图纸根据宗地大小适当调整比例尺，以从地籍图上蒙绘或实际勘丈资料进行内业整理，清绘成正式宗地草图，并检查其是否符合前述要求。

2. 地籍调查成果的整理有下列内容：

（1）地籍调查表；

（2）土地权源文件登记表；

（3）城市土地分类面积统计汇总表；

（4）农村土地利用分类调查汇总表；

（5）农村居民点宅基地调查表；

（6）地籍调查用图。

地籍外业调查工作是一项政策性、专业性、技术性很强的工作。它是地籍测量成果质量的关键，它不仅为地籍测量的采集数据提供基础资料，而且为法律保障提供可靠依据。随着科技水平的发展，地籍调查成果已成为城市 GIS 的重要数据源。因此，外业调查必须高度认真负责，调查获得信息（数据）必须保证它的现势性和准确性，通过地籍调查成果的整理，为检查验收做好准备。调查成果或文件经主管部门检查验收后，具有法律效能。

（六）地籍调查工作报告的编写

1. 地籍调查成果资料

（1）地籍调查技术设计书；

（2）地籍调查表；

（3）地籍平面控制测量的原始记录、控制点网图、平差计算资料及成果表；

（4）地籍勘丈原始记录；

（5）解析界址点成果表；

（6）地籍铅笔原图和着墨二底图、宗地图；

（7）地籍图分幅接合表；

（8）面积量算表及原始记录；

（9）城镇土地分类面积统计表；

（10）检查验收报告。

2. 技术报告

技术总结必须在广泛收集资料的基础上，从技术方案、技术规定、作业方法、完成质量以及理论与实践相结合等方面，认真加以研究，以衡量各项作业完成的情况，并找出经验和结论，以便更好地指导生产。因此，编写技术总结时，应力求内容准确、完整和系统，文字图表必须简练醒目，并在整饰上清晰美观。

技术报告一般应包括下列内容：

（1）概况：简述测区情况和作业过程；作业计划和工作组织情况；作业依据（规范、细则、图式及有关补充规定和技术指标等）；作业中所遇到的困难和采取的措施；作业完成情况。

（2）地籍调查部分：测区内土地权属调查的类型及土地利用现状分类；土地等级分类；房产性质等概况；土地权属调查和调解纠纷的工作经验以及调查工作中存在的问题等。

(3) 地籍控制测量部分：地籍控制测量与碎部测量的施测方案；作业方法（数量、作业精度的估算和实际精度的统计）；对出现的主要问题和所采取的技术措施；作业经验和存在的问题（若调查区域内已经进行地籍测量）。

(4) 附图、附表：在地籍调查、技术总结中，为了便于说明情况，应绘制必要的统计图表和其他有关数据。

(5) 评价与结论：对地籍调查的成果、成图资料，应分别做出实事求是的评价和结论。

技术报告随调查成果、资料一起上交。

附：地籍调查法人代表身份证明书（附录十五）；

指界委托书（附录十六）；

违约缺席定界通知书（附录十七）；

界标（附录十八）；

地籍调查表（附录十九）。

实习七　土地综合评价

一、目的与要求

1．理解和掌握农用地的自然评价和经济评价的方法。
2．理解和掌握城镇建设用地的适宜性评价和城镇土地定级的方法。
3．理解旅游用地的评价方法。
4．能初步完成对农用地和城镇建设用地的评价工作。

二、准备工作

在进行土地评价前需要做好如下准备工作：

1．土地评价立项与初步商讨

一般来说，土地评价的立项应由政府部门或生产部门进行，立项之后再召集有关的专家进行初步商讨。初步商讨的主要内容包括：(1) 评价目标；(2) 评价所依据的数据和论据；(3) 评价地区范围与界线；(4) 可能考虑的土地利用种类；(5) 采用两阶段法还是平行法；(6) 评价要求进行的调查深度和比例尺；(7) 评价过程中工作阶段的划分。

2．评价目标的确定

土地评价目标是正确进行土地评价的保证，土地评价的目标一般根据生产要求而定，同时考虑自然条件和社会经济条件，以及评价人员的技术水平。

3．数据和资料的调查与收集

土地评价所需的资料一般包括两个方面：研究地区的基本状况；用于评价的数据和资料。

(1) 研究地区的基本状况

研究地区的基本状况一般包括以下内容：地理位置、气候带、地形、土地改良的状况（如开垦、排水）、人口及其变率、生活水平、教育、目前的经济基础、基础设施（如交通、通信、城市公用事业）、政府支持、土地所有制及其管理方式、政治制度等。

(2) 用于评价的数据和资料

用于评价的数据和资料一般包括以下方面：1) 气候：如光照、热量、气温、降水等方面的数据和资料；2) 土壤：多个性状参数值，主要来自土壤普查的图件和分析数据；3) 地形地貌：如海拔高度、坡度等；4) 水资源：主要指地下水和地表水；5) 作物品种和种植制度；6) 动物资源：如家畜、家禽等；7) 土地利用现状；8) 人口数量与素质；9) 投入：如农药、化肥、基础设施、科学技术等；10) 地理区位；11) 需求：如市场和价格；12) 政治环境与金融环境。

4．制定土地评价的工作计划

工作计划一般包括以下几个方面的内容：(1) 确定待评价土地的范围和边界；(2) 选择可以考虑的土地利用类型；(3) 选择土地评价的类型；(4) 确定调查的范围、深度和比例尺；(5) 划分工作阶段。

三、农业用地评价

（一）农用地的自然评价

1．根据土地评价地区的资料情况划分土地评价单元

在我国，土地评价大多是以土地利用现状图上的土地利用类型或以土壤图上的土壤类型作为评价单元。

2．选择土地评价因素

农用地评价因素见表7-1

农 用 地 评 价 因 素　　　　　　　表7-1

因素选择	旱　　地	水　　田
基本因素	土层厚度、障碍层出现深度、有机质、坡度、土壤质地、侵蚀程度	耕层厚度、障碍层出现深度、有机质、土壤质地、灌溉保证率、排涝能力（地下水埋深）
地区性补充因素	灌溉保证率、排涝能力、含盐量	海　　拔

在选取农用地评价因素时应注意选取主导因素和稳定性因素。

3．确定评价因素指标分级标准与等级分值

在确定评价因素指标分级标准时可采取以下几种办法：第一，凡是从土壤普查资料中选取的评价因素，尽量参考《全国第二次土壤普查技术规程》的指标分级范围；第二，对已有田间试验资料的地区，最好分别做评价因素与作物产量的相关曲线，根据相关曲线划分评价因素分级指标值范围；第三，对于缺乏试验资料的地区，可以根据长期生产经验或参照邻近地区的有关试验资料确定。

评价因素指标值尽量用数量表示，不能用数量表示的，如土壤质地、障碍因素、灌排状况等，可用文字描述分级。

评价因素的分级与赋分可以采用经验法、等距赋分法、模糊隶属函数图、评价因素与产量的相关曲线等方法。

4．计算评价因素的权重

土地评价因素的权重计算可采用经验法、多元回归分析法、主因子分析法、层次分析法等。

5．确定评价因素的指数、评价单元各因素的指数和与土地分等定级

评价因素指数是权重与评价因素分值的乘积。

评价单元各因素的指数相加即得该单元的指数和。

根据评价单元指数大小可确定土地等级。

（二）农用地经济评价

1．划分评价单元。

在农用地经济评价中划分评价单元的方法有以下几种：一是采用土地类型，二是采用土壤分类单位，三是采用自然地块或田块，四是采用行政单位（如乡或村）或生产管理单位（如农场、林场、牧场）作为评价单元。

2．调查当地的主要农作物种类和轮作周期，确定作为土地经济评价对象的各种农作物的面积，确定评价的时段范围和资料统计年度。

3．调查和测算在不同评价单元上，在各种现行轮作方式下，多年的投入和产出数据。

方法有以下三种：传统的定点典型观测法、改良的典型定点测算法和数据统计测算法。

4. 选择适当的评价指标，对投入和产出数据进行折算，并据各种指标评价结果求出各类土地的评分。

5 根据一个地区或农业企业的土地评价单元类型结构和土地利用结构用加权平均等方法，求出一个地区或企业的总体评价结果。

（三）农用地评价实践

选取市郊一个行政村的农用地进行自然评价和经济评价。

四、城镇用地评价

（一）城镇建设用地适宜性评价

1. 评价目的：城镇用地适宜性评价的目的在于为因地制宜地进行建筑项目选址、城镇规划提供科学可靠的依据。

2. 分类体系

（1）适宜修建的用地：1）非农田或者该地区农业价值较低的低产田。2）土地允许承载力能达到一般建筑物的地基要求。3）地下水位低于一般建筑基础的砌筑要求。4）不被百年一遇的洪水淹没。5）地形坡度符合城市各项建设用地的要求。6）没有沼泽现象，或者用简单的方法即可排除积水的地段。7）没有冲沟、滑坍和喀斯特等不良地质现象。

（2）基本适宜修建的用地：1）土地承载力较差，修建时建筑物的地基需要采取人工加固措施。2）地下水位高，需要降低地下水位。3）属于洪水淹没区，但洪水淹没深度不超过1~1.5m，需采取防洪措施。4）地形坡度大，修建时需要采取一定工程措施。5）地表积水或有沼泽现象，需要采取专门的工程准备措施加以改善。6）有不大的活动性冲沟、砂丘、滑坍和喀斯特现象，需采取一定工程措施加以治理。

（3）不宜修建的用地：1）农业价值很高的丰产田，拥有重要价值的需要保护的文物分布地区，已探明有开采价值的矿藏分布地区。2）土地承载力很低。3）地形坡度陡，布置建筑很困难的地段。4）经常受洪水淹没，淹没深度超过1.5m的。5）有严重的活动性冲沟、沙丘、滑坍和喀斯特等现象，防治时需要花费很大工程量的地段。6）其他限制建设的地段。如自然保护区、军事用地及其他永久性设施用地。

3. 评价步骤：

（1）选定基础图，其比例尺一般为1∶5000或1∶10000，或与总体规划图的比例尺一致。

（2）收集城市市域的自然环境资料及与土地利用现状情况有关的社会经济统计资料，或与此相关的有关地图、图像资料，进行城市范围内的地域分布规律调查和自然环境对城建的作用分析。

（3）开展城市土地适宜性评价图的编制：1）进行地形判读，即在地形图上判读出不同的地貌部位。2）对水文资料加以分析和计算后，在地形图上画出一定周期的洪水淹没线和淹没范围，评定各地貌单元的洪水可淹没性等级。3）根据地下水距地表深度确定各种地貌类型地下水文条件对城建的影响。4）根据城市建设要求，圈出不宜修建的陡坡、活动性的冲沟和滑坡，遭受冲刷的地貌类型。5）根据工程地质资料，划出不同的土层位置，并用不同的符号或颜色加以区分，不同的土层，代表着不同的承压力或其他工程性质。6）勾画有用的矿藏范围。7）表示出采取简单的工程措施后，可作为修建用地的小型冲沟、采掘场和非活动性滑坡的地段。8）表示出不宜修建的沼泽、洼地以及采取简单工程措施后，可作为修建公园绿地的沼泽、洼地等。9）高产农田和原有的工厂、道路、水源、文物保护地等不适合再作修建用的其他地段的区分。最后，按照城市建设用地分类标准（适宜性分类要求），对地貌类型单元加以归并，得出城市建设用地的土地适宜性分类，完成其土地评价图的编制。

（4）进行城市用地的土地适宜性评价图的地图清绘和整饰，编写评价图的图例说明。

（二）城镇土地定级

城镇土地定级的工作程序如图7-1。

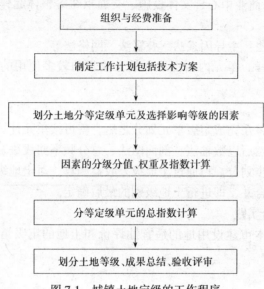

图7-1 城镇土地定级的工作程序

1．土地定级的因素

见表7-2所示：

城镇土地定级因素　　　　　表7-2

定级因素	繁华程度	交通条件			基本设施状况		环境状况			人口状况
	商务繁华影响度	道路通达度	公交便捷度	对外交通便利度	路网密度	生活设施完善度	公用设施完善度	环境质量优劣度	文体设施影响度	绿地覆盖度	自然条件优越度	人口密度
选择性	必选	至少一种必选			备选		至少一种必选			备选
重要性	1	2 或 3			3 或 2		4 或 5			5 或 4
权重值范围	0.2~0.4	0.3~0.05			0.3~0.05		0.2~0.03			0.15~0.02

2．土地定级的资料收集和调查

调查和收集土地定级资料是开展土地定级评价的基础，其主要范围包括：繁华程度、交通条件、基础设施状况、环境条件、社会及人口、土地利用效益等。

3．土地定级因素资料整理与量化

对土地各定级因素的衡量及计算作用分值时，要遵循以下原则：(1) 作用分值与土地的优劣成正相关；(2) 分值体系采用0～100分的封闭区间；(3) 得分值只与因素指标的显著作用区间相对应；(4) 因素作用分值处理尽可能要模型化。

4．土地定级因素权重的确定

5．土地定级单元划分及指标取样

(1) 单元划定的原则：1) 单元内各定级因素的优劣程度或影响大体一致，同一单元内的同一主要因素分值差异不得大于该市所分级数加1的倒数乘上100（即 $100/N+1$）。2) 单元面积确定在5～25ha。3) 划分的单元能方便地进行因素取样，并能保证分值计算的准确性和科学性。4) 商业中心、文体设施、交通枢纽等整体起作用的区域，不能分割为不同单元。

(2) 单元划分的方法：主导因素法、叠置法、网格法等。

(3) 单元内指标取样。单元内指标取样的方法目前较多使用的有以点带面、线性内插、面积加权等。

6．土地级别的确定

城市土地定级工作，在完成定级单元划分之后，就可按单元计算其综合得分准确地反映该单元的综合质量，然后以数轴法、剖面图法、总分频率曲线法、聚类分析法等多种方法，进行土地级别的初步划分。再通过土地级差收益测算，对土地级别确定其合理性，并进行土地级别的修订与合并，即进行土地级别的最后确定。

(三) 城镇土地评价实践

先由指导老师介绍本市建设用地的适宜性评价和土地的定级情况，然后学生写出报告。

五、旅游用地评价

(一) 旅游用地评价的目的：开展对旅游土地的评价，就是要使人们深刻地认识旅游土地的差异性因素，准确地分析评价旅游土地的等级，认识其利用潜力，确定质量水平，评估旅游土地在旅游资源开发建设中所处的地位，明确旅游土地的类型，拟定未来旅游土地资源结构和发展规划，通过评价确定不同旅游土地开发建设的序位，从而为风景旅游区的开发、利用、建设、保护提供科学依据。

(二) 旅游土地评价的原则：1．旅游土地质量性原则；2．适宜性和限制性相结合原则；3．主导性原则；4．比较性原则；5．经济性原则；6．综合分析与全面评价原则。

(三) 旅游土地评价的质量因素

旅游土地评价质量因素主要有以下方面：

1．旅游土地的吸引力，包括观赏价值、文化价值、科学价值、旅游项目和旅游内容丰富程度、季节差异、特殊价值、容量等。

2．旅游土地的开发条件，包括地区经济条件、可进入性条件、依托城市条件、通讯条件、地方积极性条件、服务设施条件等。

3．旅游土地的综合效益，包括年平均接待游人量、开发所需的投资量、客源预测、社会效益等。

4．其他因素，包括旅游资源的时空特点、风景优美程度、风景稀缺程度、地形和土壤条件、游人数量等。

（四）旅游土地评价体系的建立

旅游土地评价体系包括以下内容：

1．旅游环境承载力，包括资源空间承载量、生态承载量、经济承载量、心理承载量和旅游的社会地域承载量等。

2．旅游密度，包括资源密度、旅游空间密度、旅游人口密度、旅游经济密度等。

3．旅游的季节性。

4．景观资源的艺术特色、科学价值与文化价值。

5．景观的地域组合。

6．旅游开发序位。

（五）旅游土地评价方法

1．体验性评价，包括一般体验性评价和旅游土地的美感质量评价。

2．技术性评价。

3．综合性评价，采用定性评价和定量评价相结合。

（六）旅游土地评价实例

以湖南武陵源和南岳衡山为实例，采用山岳型旅游地评价模型，在因子标定分级标准的基础上进行评价，结果如表7-3。从评价结果中可以看出，武陵源的旅游资源得分值大于衡山。只是从旅游资源来看，武陵源具备开发成全国一流旅游地，吸引国际旅游者的条件，但目前开发的区域条件相对较差，加之武陵源本身的进入性较差，客观上对武陵源近期接待大量游客不利。因此，改善区域条件和通达性势在必行；而衡山则具备开发为满足国内旅游需求为主的国家二级旅游地的条件。

武陵源和衡山的旅游开发评价　　　　　表7-3

评价因子		因子权重（总和数取10）	因子评分（满分取10分）	
			武陵源	衡山
旅游资源	地形与地质	2.267	10.0	5.0
	水体	0.495	10.0	5.0
	气候	0.546	10.0	10.0
	动物	0.385	7.5	2.5
	植物	0.061	10.0	5.0
	文化古迹	0.871	2.5	7.5
	民情风俗	0.566	5.0	0.0
	景点集中程度	1.001	10.0	10.0
	景区容纳量	0.261	10.0	5.0
区域条件	自然条件	0.681	10.0	5.0
	用地条件	0.159	7.5	5.0
	城镇分布	0.164	7.0	7.5
	基础设施	0.229	5.0	7.5
	旅游设施	0.248	5.0	7.5

续表

评价因子		因子权重 （总和数取 10）	因子评分（满分取 10 分）	
			武陵源	衡 山
区位条件	与客源地距离	0.204	3.5	7.5
	与附近旅游地类型异同	0.178	10.0	—*
	与附近旅游地之间的距离	0.044	2.5	—*
	交通条件	1.069	6.0	7.5
评价结果	旅游资源		59.92	41.24
	区域条件		11.54	9.02
	区位特性		9.01	9.55
	总评价值		80.47	59.81

注：* 在邻近衡山的中尺度（省级）范围内，不存在对衡山有竞争或补充意义的旅游地，"可及性"成为评价衡山区位特性的惟一因子。评价时间：1988 年。

（七）旅游用地评价实践

选取本市一块旅游用地进行评价。

附　录

附录一

土地$\begin{bmatrix}境界\\权属界\end{bmatrix}$界址协议书

二零　　年　月　日

双方相邻地段的$\binom{境界}{权属界}$界址，于　　年　月　日

经相邻双方共同踏勘核实，确认　　　图幅，第　　号

航片，所划的土地$\binom{境界}{权属界}$界址无误。

　　　（盖章）：　　　　　　　　　　　（盖章）：

　　　负责人（签名）：　　　　　　　　负责人（签名）：

调绘人	向　导	其他参加人员

权 属 界 址 确 认 走 向 草 图
备注	

本证书一式三份，相邻双方各存一份，上级土地管理机关一份。

附录二

土地 ⎡境界⎤ 界址争议原由书
　　　⎣权属界⎦

土地资源调查办公室

二零　　年　月　日

_____村与_____村双方相邻地段的土地$\binom{境界}{权属界}$界线,《图幅编号_____,航片号_____》。

经双方现场踏勘,争议地段特书写说明。

          (盖章)   (盖章)

          (盖章)   (盖章)

          (签名)   (签名)

调绘人	向　　导	其他参加人员

界址争议草图	
争议原由及历次处理意见	

附录三

县内业编图检查手簿

图幅号：　　　　　　　　　　　　　　　　　　　　　　　年　月　日

航片号	村名称	图斑				对照	线状地物		对照	备注
		航片上		图上			航片上宽度	图上宽度		
		编号	地类号	编号	地类号					

注：对空栏中："√"为对，"×"为错。

附录四

_____县_____乡（镇）_____村委会图斑对照表

图幅号：　　　　　图幅号：

序号	航片号	图 斑 号		地类编号	序号	航片号	图 斑 号		地类编号
		航片上	图　上				航片上	图　上	

附录五

分 划 值 计 算 表

图幅号：　　　　仪器号：　　　　臂长：　　　　天气：

编号	极位	读数 a 读数 b_1 读数 b_2	单极读数 $n_1 \cdot n_2$ $n_1 = b_1 - a$ $n_2 = b_2 - b_1$	单极平均 读数 n $n = (n_1 + n_2)/2$	双极平均 读数 N $N = (n_1 + n_2)/2$	公里网格 理论面积 P	分划值 C $C = P_0/N$	C 平均 $C = (C_1 + C_2)/2$

计算员：　　　　检查员：　　　　　　　年　月　日

附录六

控 制 面 积 量 算 表

第＿＿＿＿页
共＿＿＿＿页

图幅号：　　　　仪器号：　　　　求积仪航臂长：

图幅理论面积（P_0）		分划值 $C = C_0 \times K_1$	
各控制面积（$\Sigma P'$）		允许误差 $0.0025P$	
闭合差 $\Delta P = \Sigma P' - P_0$		改正系数 $K_2 = (-\Delta P)/\Sigma P'$	

序号	控制区 名称及 编号	极位	读数 a 读数 b_1 读数 b_2	单极分划数 $n_1 \cdot n_2$ $n_1 = b_1 - a$ $n_2 = b_2 - b_1$	单极平均 $n = (n_1 + n_2)/2$	控制区面积 P'	平差后控制区面积 $P = P' + P' \cdot k$

量算员：　　　　　年　月　日　　　　检查员：　　　　　年　月　日

附录七

图斑面积量算表（求积仪法）

第_____页
共_____页

图幅编号：　　　单位名称：　　　仪器号：

控制区面积 P_0		分划值 C	
各图斑面积和 $\Sigma P'$		闭合差 $\Delta P = \Sigma P - P_0$	
允许误差		改正系数 $K_2 = \Delta P / \Sigma P$	

序号	图斑编号	地类名称	读数 a 读数 b_1 读数 b_2	分划数 $n_1 \cdot n_2$ $n_1 = b_2 - a$ $n_2 = b_1 - b_2$	平均分划数 n $n = (n_1 + n_2)/2$	图斑面积 P' $P' = n \cdot C$	平差后图斑面积 P $P = P' + P' \cdot K_2$	扣除面积	地类净面积

量算员：　　　年　月　日　　　检查员：　　　年　月　日

附录八（a）

图斑面积量算表（方格法）

第_____页
共_____页

图幅编号：　　　单位名称：　　　天气：

控制区面积 P_0		分划值 C	
各图斑面积和 $\Sigma P'$		闭合差 $\Delta P = \Sigma P - P_0$	
允许误差		改正系数 $K_2 = \Delta P / \Sigma P$	

序号	图斑编号	地类名称	第一次读数 n_1			第二次读数 n_2			两次读数小计平均 n (mm²)	计算图斑面积 P' $P' = n \cdot C$ (ha)	平差后面积 P' $P = K_2 P \cdot P'$ (ha)	扣除线状地物零星地类面积 (ha)	地类净面积 (ha)
			整格 (mm²)	破格 (mm²)	小计 (mm²)	整格 (mm²)	破格 (mm²)	小计 (mm²)					

量算员：　　　年　月　日　　　检查员：　　　年　月　日

附录八（b）

方格法图斑面积量算表

第_____页
共_____页

图幅号：　　　乡　　村　　　天气：

图斑编号	地类名称	第一次读数			第二次读数			点格中数 (mm^2)	折合 m^2	备注
		整格 (mm^2)	破格 (mm^2)	小计 (mm^2)	整格 (mm^2)	破格 (mm^2)	小计 (mm^2)			

量算员：　　　　年　月　日　　　　检查员：　　　　年　月　日

附录九

村零星地类面积量算表

图幅号：　　　测量：　　　　　　　　记录：

图斑号	序号	地类名称	宽度		长度		面积 (m^2)	备注
			读数	中数	读数	中数		

量算员：　　　　年　月　日　　　　检查员：　　　　年　月　日

附录十

线状地物面积量算表

图幅编号：　　　　单量名称：　　　　　　　　　　　　　　　　　　　单位：m、ha

单位名称	图斑编号	所属图斑名称	线状地物																			线状地物面积小计
			铁路			公路			农村道路			河流			沟保			1m以上田埂			堤坝线状建筑物		
			长	宽	面积	长	宽	面积	长	宽	面积	长	宽	面积	长	宽	面积	长	宽	面积	长	宽	面积	

量算人：　　　　　　年　月　日　　　　校核人：　　　　　　年　月　日

附录十一

　　县　　　　乡土地面积汇总表

涉及图幅＿＿＿＿＿＿＿张　　　　　　　　　　　　　　　　　　　　　单位：ha

序号	单位名称 ／ 图幅号 ／ 图幅理论面积											总计
界内合计												
界外合主计												
界内外合计												

量算员：　　　　　　年　月　日　　　　检查员：　　　　　　年　月　日

附录十二

县、乡、村各类土地面积统计表

涉及图幅：　　　　　权属性质：　　　　　　　　单位：ha　第　页共　页

序号	图幅号	权属性质	地类名称／地类编号／图斑号	耕　地				
				灌溉水田	望天田	水浇地	旱地	菜地
				111	112	113	114	115
1			合　计					
2			其中：净耕地					
3								
4								
5								
6								
7								
8								
9								
10								
11								
...								
20								

序号	图幅号	权属性质	地类名称／地类编号／图斑号	园　地				
				果园	桑园	茶园	橡胶园	其他园地
				121	122	123	124	125
1			合　计					
2			其中：净耕地					
3								
4								
5								
6								
7								
8								
9								
10								
11								
...								
20								

续表

序号	图幅号	权属性质	地类名称 / 地类编号 / 图斑号	林地						牧草地		
				有林地	灌木林地	疏林地	未成林造林地	迹地	苗圃	天然草地	改良草地	人工草地
				131	132	133	134	135	136	141	142	143
1			合 计									
2			其中：净耕地									
3												
4												
5												
6												
7												
8												
9												
10												
11												
...												
20												

序号	图幅号	权属性质	地类名称 / 地类编号 / 图斑号	其他农用地							
				畜禽饲养地	设施农业用地	农村道路	坑塘水面	养殖水面	农田水利用地	田坎	晒谷场等用地
				151	152	153	154	155	156	157	158
1			合 计								
2			其中：净耕地								
3											
4											
5											
6											
7											
8											
9											
10											
11											
...											
20											

续表

序号	图幅号	权属性质	地类名称 / 地类编号 / 图斑号	商服用地				工矿仓储用地			公用设施用地	
				商业用地	金融保险用地	餐饮旅馆业用地	其他商服用地	工业用地	采矿地	仓储用地	公共基础设施用地	景观休闲用地
				211	212	213	214	221	222	223	231	232
1			合 计									
2			其中：净耕地									
3												
4												
5												
6												
7												
8												
9												
10												
11												
...												
20												

序号	图幅号	权属性质	地类名称 / 地类编号 / 图斑号	公 共 建 筑 用 地					
				机关团体用地	教育用地	科研设施用地	文体用地	医疗卫生用地	慈善用地
				241	242	243	244	245	246
1			合 计						
2			其中：净耕地						
3									
4									
5									
6									
7									
8									
9									
10									
11									
...									
20									

续表

序号	图幅号	权属性质	地类名称 / 地类编号 / 图斑号	住宅用地				交通运输用地					
				城镇单一住宅用地	城镇混合住宅用地	农村宅基地	空闲宅基地	铁路用地	公路用地	民用机场	港口码头用地	管道运输用地	街巷
				251	252	253	254	261	262	263	264	265	266
1			合　计										
2			其中：净耕地										
3													
4													
5													
6													
7													
8													
9													
10													
11													
...													
20													

序号	图幅号	权属性质	地类名称 / 地类编号 / 图斑号	水利设施用地		特殊用地				
				水库水面	水工建筑用地	军事设施用地	使领馆用地	宗教用地	监教场所用地	墓葬地
				271	272	281	282	283	284	285
1			合　计							
2			其中：净耕地							
3										
4										
5										
6										
7										
8										
9										
10										
11										
...										
20										

续表

序号	图幅号	权属性质	地类名称 / 地类编号 / 图斑号	未利用土地						
				荒草地	盐碱地	沼泽地	沙地	裸土地	裸岩乐砾地	其他未利用土地
				311	312	313	314	315	316	317
1			合计							
2			其中：净耕地							
3										
4										
5										
6										
7										
8										
9										
10										
11										
…										
20										

序号	图幅号	权属性质	地类名称 / 地类编号 / 图斑号	其他土地				
				河流水面	湖泊水面	苇地	滩涂	冰川及永久积雪
				321	322	323	324	325
1			合计					
2			其中：净耕地					
3								
4								
5								
6								
7								
8								
9								
10								
11								
…								
20								

附录十三

土地利用现状图图例

地类号	地类名称	符号	地类号	地类名称	符号
111	灌溉水田		132	灌木林	
112	望天田		133	疏林地	
113	水浇地		134	未成林造林地	
114	旱地		135	迹地	
115	菜地		136	苗圃	
121	果园		141	天然草地	
123	茶园		142	改良草地	
122	桑园		143	人工草地	
125	其他园地		251	城镇	
131	有林地		253	农村居民点	

续表

地类号	地类名称	符　　号	地类号	地类名称	符　　号
222	采矿地		271	水库水面	
222	盐田		154	坑塘水面	
28	特殊用地		323	苇地	
261	铁路		324	滩涂	
262	公路		156	沟渠	
262	农村道路		272	水工建筑物	
263	民用机场		311	荒草地	
264	港口码头		313	沼泽地	
321	河流水面		314	沙地	
322	湖泊水面		315	裸土地	

续表

地类号	地类名称	符号	地类号	地类名称	符号
316	裸岩石砾地	1.0 / 1.2		省界	4.0 4.0 / 0.6
317	其他未利用土地	10. 10. 0.6		控制点	+ 2.0
	地类界	1.0 / 0.2		界线拐点（土地权属界线图用）	1.0 2.0
	等高线	0.25		省政府驻地	南昌市 20K(4.5)粗等线体
	村界	1.0 2.0 / 0.25 3.0		县政府驻地	万年县 18K(4.0)粗等线体
	乡界	1.0 3.0 / 0.3 3.0		乡（镇）政府驻地	珠山乡 15K(3.5)中等线体
	未定界	1.5 0.5 / 0.2		村（农林分场）驻地	珠山村 13K(3.0)宋体
	县（市、区）界	3.0 3.0 / 0.4		其他村庄驻地	张家 11K(2.5)宋体
	市（地区）界	3.0 1.0 3.0 / 0.5			

附录十四

1:10000 土地利用现状图图外整饰规格（例）

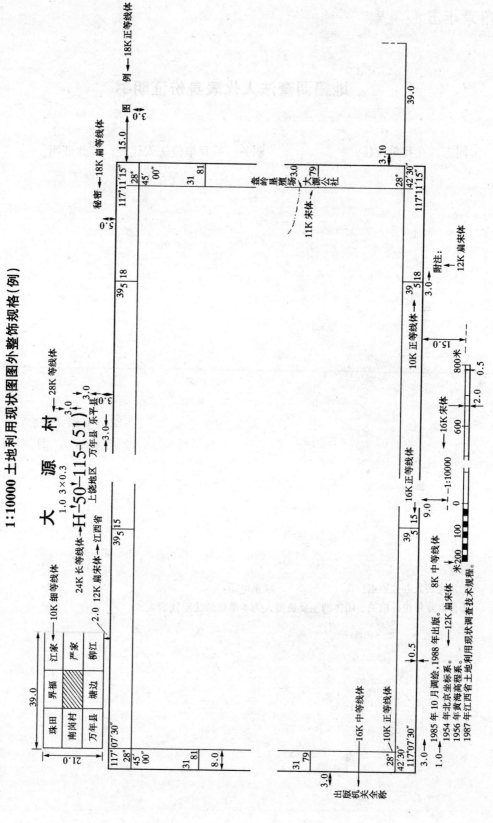

附录十五

地籍调查法人代表身份证明书

　　　　　同志，在我单位任　　　　　　职务，系我单位法人代表，特此证明。

　　　　　　　　　　　　　　　　　　　　　　　　　单位全称（盖章）
　　　　　　　　　　　　　　　　　　　　　　　　　　　年　月　日

附注：
①该代表人办公地点：　　　　　联系电话：
②企事业单位，机关、团体的主要负责人为本单位的法定代表人。

附录十六

指 界 委 托 书

　　　　县（市、区）土地管理局：
　　今委托　　　同志（性别：　　年龄：　　职务：　　）全权代表本人出席　　区　　街　　号土地权属界线现场指界。

　　　　　　　　　　　　　　　　　　　委　托　人（盖章）

　　　　　　　　　　　　　　　　　　　单　　　位（盖章）

　　　　　　　　　　　　　　　　　　　委托代理人（盖章）

　　　　　　　　　　　　　　　　　　　委托日期：　　年　月　日

附注：

受委托人办公地点：

联系电话：

附录十七

违约缺席定界通知书

  现寄去地籍调查表一份（复印件），内有定界结果，如有异议必须在通知收到后十五日内提出划界申请，并负责重新划界的全部费用，逾期不申请，按地籍调查表上定界结果为准。

_____市（县）土地管理局

二零　　　年　月　日

附录十八

界 标

1 界标种类和适用范围

种 类	适 用 范 围
混凝土界址标桩 石灰界址标桩	在较为空旷地区的界址点和占地面积较大的机关、团体、企业、事业单位的界址点应埋设或现场浇筑混凝土界址标桩，泥土地面也可埋设石灰界址标桩
带铝帽的钢钉界址标桩	在坚硬的路面或地面上的界址点应钻孔浇筑或钉设带铝帽的钢钉界址标桩
带塑料套的钢棍界址标桩 喷漆界址标志	在坚固的房墙（角）或围墙（角）等永久性建筑物处的界址点应钻孔浇筑带塑料套的钢棍界址标桩，也可设置喷漆界址标志

2 界标式样（标桩规格单位：mm）
2.1 混凝土界址标桩（在地面上埋设）

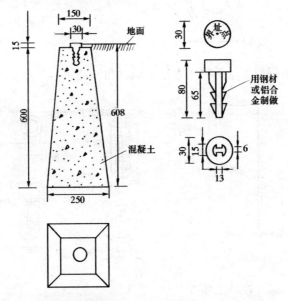

2.2 石灰界址标桩（在地面上埋设）

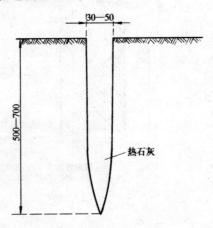

2.3 带铝帽的钢钉界址标桩（在坚硬地面上钉设）

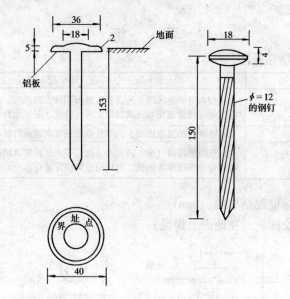

2.4 带塑料套的钢棍界址标桩（在房、墙（角）浇筑）

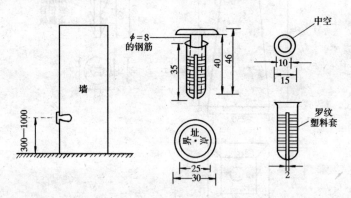

2.5 喷漆界址标志（在墙上喷涂）

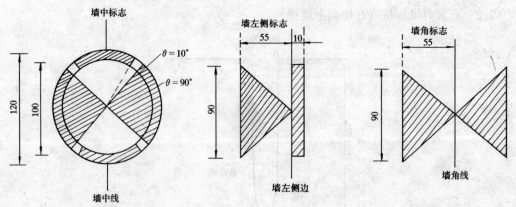

附录十九

编号：

地 籍 调 查 表

_____区（县）_____街道_____号
　　　　　　　　　　　　　　　　　　年　月　日

初始、变更

土 地 使用者	名 称				
	性 质				
上级主管部门					
土地坐落					
	法人代表或户主			代 理 人	
姓 名	身份证号码	电话号码	姓 名	身份证号码	电话号码
土地权属性质					
预 编 地 籍 号			地 籍 号		
所在图幅号					
宗 地 四 至					
批准用途		实际用途		使用期限	
共有使用权情况					
说　明					

界址点号	界址标示												备注
	界标种类				界址间距(m)	界址线类别				界址线位置			
	钢钉	水泥桩	石灰桩	喷涂			围墙	墙壁			内	中	外	

界址线		邻宗地			本宗地		日期
起点号	终点号	地籍号	指界人姓名	签章	指界人姓名	签章	
界址调查员姓名							

宗 地 草 图

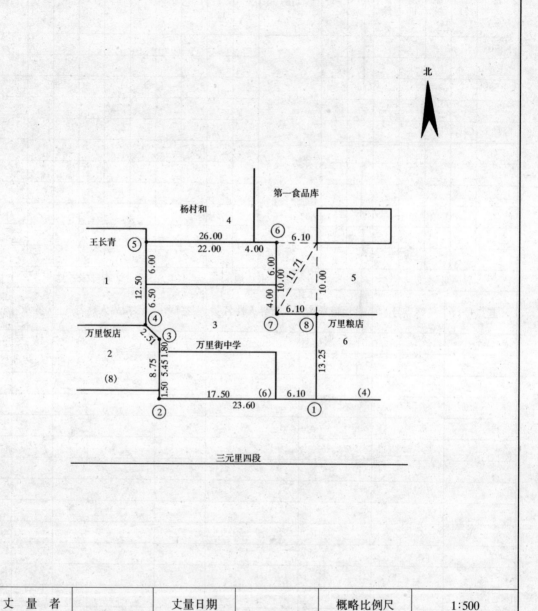

| 丈 量 者 | | 丈量日期 | | 概略比例尺 | 1:500 |

注：1. 本宗地相邻界址点间距总长注在界址线外，分段长注在界址线内。
   2. 邻宗地界址线与本宗地界址线交点在本宗地不编号。
   3. 1，2，3，为宗地号；(4)，(6)，(8) 为门牌号；①，②，③为界址点号。

权属调查记事及调查员意见:
调查员签名　　　日期
地籍勘丈记事:
勘丈员签名　　　日期
地籍调查结果审核意见:
审核人签章　　　审核日期

填 表 说 明

1. 说明:

变更地籍调查时,将原使用人、土地坐落、地籍号及变更之主要原因在此栏内注明。

2. 宗地草图:

对较大的宗地本表幅面不够时,可加附页绘制在宗地草图栏内。

3. 权属调查记事及调查员意见:

记录在权属调查中遇到的政策、技术上的问题和解决方法;如存在遗留问题,将问题记录下来,并尽可能提出解决意见等;记录土地登记申请书中有关栏目的填写与调查核实的情况是否一致,不一致的要根据调查情况作更正说明。

4. 地籍勘丈记事:

记录勘丈采用的技术方法和使用的仪器;勘丈中遇到的问题和解决方法;遗留问题并提出解决意见等。

5. 地籍调查结果审核意见:

对地籍调查结果是否合格进行评定。

6. 表内其他栏目可参照土地登记申请书中的填写说明填写。

实习课时分配

  介于实习内容较多，实习时间较紧，有条件的学校，建议采取集中实习的方式，各实习内容可同时或相互穿插进行，效果会好些。若在校内模拟实习，建议实习一～实习六各用一天半时间；实习七计划时间一天。

  总之，各校可根据本校的实际情况安排实习时间和课时。

参 考 文 献

1. 行标 ZB. 城镇地籍调查规程. 北京：中国农业出版社，1989
2. 徐日辉主编. 江西省土地利用现状调查技术规程. 江西：江西科学技术出版社，1988
3. 行标 CH3-202-87. 地籍测量规范. 北京：测绘出版社，1988
4. 庄宝杰主编. 地籍测量. 北京：地质出版社，1991
5. 孙祖述主编. 地籍测量. 北京：测绘出版社，1990
6. 刘卫东主编. 土地资源学. 上海：百家出版社，1994
7. 朱德举主编. 土地评价. 北京：中国土地出版社，1996
8. 王万茂等主编. 土地利用规划学. 北京：中国农业出版社，2002